HEYNE KOCHBÜCHER

Dr. Oetker

Apfelkuchen

WILHELM HEYNE VERLAG
MÜNCHEN

VORWORT

Bei uns ist er immer noch die Nr. 1 unter den Früchten – der Apfel. Die Lieblingsfrucht aus dem heimischen Garten verführt geradezu zum Backen.

Umgeben von feinem Teig, knusprigen Streuseln oder sahnigem Guss sind Apfelkuchen, Apfeltorten und Apfelkleingebäcke einfach unwiderstehlich.

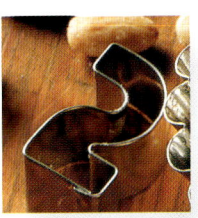

KAPITELÜBERSICHT

Saftige Apfelkuchen

SEITE 8-51

Feine Apfeltorten

SEITE 52-71

Lockere Apfelkleinge-
bäcke

SEITE 72-91

RATGEBER SEITE 92-93

SAFTIGE APFELKUCHEN

*OMAS APFELKUCHEN,
REZEPT SEITE 10*

FÜR DEN RÜHRTEIG:
250 g WEICHE BUTTER
200 g ZUCKER
1 PCK. VANILLIN-ZUCKER
½ FLÄSCHCHEN BUTTER-
VANILLE-AROMA
½ TL ZIMT
1 PRISE SALZ
5 EIER (GRÖSSE M)
350 g WEIZENMEHL
2 GESTR. TL BACKPULVER
1 ¼ KG ÄPFEL, Z.B.
BOSKOP

FÜR DEN GUSS:
200 g PUDERZUCKER
3 EL ZITRONENSAFT
ETWAS WASSER

OMAS APFELKUCHEN
(FOTO SEITE 8/9)

1. Für den Teig die Butter mit Handrührgerät mit Rührbesen geschmeidig rühren. Nach und nach Zucker, Vanillin-Zucker und Gewürze unterrühren. So lange rühren, bis eine gebundene Masse entstanden ist.

2. Die Eier nach und nach unterrühren (jedes Ei etwa ½ Minute). Mehl und Backpulver mischen, sieben, esslöffelweise auf mittlerer Stufe unterrühren. Die Äpfel schälen, vierteln, entkernen, achteln, quer in dünne Scheiben schneiden.

3. Den Teig auf ein gefettetes, bemehltes Backblech (30 x 40 cm) geben, glatt streichen, die Äpfel darauf geben und in den Backofen schieben.

Ober-/Unterhitze: 180–200 °C (vorgeheizt)
Heißluft: 160–180 °C (nicht vorgeheizt)
Gas: etwa Stufe 3 (nicht vorgeheizt)
Backzeit: 30–35 Minuten.

4. Für den Guss den Puderzucker sieben, mit Zitronensaft und Wasser glatt rühren, so dass eine dickflüssige Masse entsteht. Sofort nach dem Backen den Guss mit einem Teelöffel auf dem Gebäck verteilen (besprenkeln).

DIE ZUTATEN:

FÜR DEN STREUSELTEIG:
1 PCK. GRUNDMISCHUNG
MÜRBETEIG (400 g)
125 g BUTTER ODER
MARGARINE
1 EI (GRÖSSE M)

FÜR DEN BELAG:
50 g EIERPLÄTZCHEN
500 g ÄPFEL
50 g ROSINEN
1 EL ZUCKER

FÜR DEN GUSS:
4 EL APFELGELEE
50 ml WEISSWEIN

APFEL-KNUSPER-TARTE *(FOTO)*

1. Für den Teig die Grundmischung mit Butter oder Margarine und Ei nach Packungsanleitung zu Streuseln verarbeiten. 2 Esslöffel davon abnehmen, den Rest in eine Tarteform (Ø 26 cm, Boden gefettet) oder auf dem gefetteten Boden einer Springform festdrücken.

2. Für den Belag die Eierplätzchen in einen Gefrierbeutel geben und mit einer Teigrolle zerkleinern. Die Hälfte davon auf den Mürbeteigboden streuen.

3. Die Äpfel schälen, vierteln, Kerngehäuse entfernen. Die Äpfel in feine Spalten schneiden und ringförmig auf den Boden legen. Die Rosinen, die restlichen Streusel, die restlichen Plätzchenkrümel und den Zucker nacheinander über die Äpfel streuen und die Form auf dem Rost in den Backofen schieben.

Ober-/Unterhitze: etwa 200 °C (vorgeheizt)
Heißluft: etwa 180 °C (vorgeheizt)
Gas: Stufe 3–4 (vorgeheizt)
Backzeit: 25–30 Minuten.

4. Für den Guss das Apfelgelee mit dem Weißwein aufkochen und direkt nach dem Backen mit Hilfe eines Esslöffels auf den Belag geben.

DIE ZUTATEN:

FÜR DEN KNETTEIG:
200 g WEIZENMEHL
1 GESTR. TL BACKPULVER
1 GEH. EL (25 g) ZUCKER
½ PCK. BOURBON-
VANILLEZUCKER
SALZ
100 g BUTTER

FÜR DEN BELAG:
ETWA 900 g MÜRBE,
SÄUERLICHE ÄPFEL
(Z.B. BOSKOP)

FÜR DEN GUSS:
15 g SPEISESTÄRKE
1 EI (GRÖSSE M)
½ PCK. BOURBON-
VANILLEZUCKER
1 MSP. GEMAHLENER ZIMT
150 ml SCHLAGSAHNE

APFELKUCHEN MIT RAHM-GUSS

1. Für den Teig das Mehl und Backpulver mischen, in eine Rührschüssel sieben. Zucker, Vanillezucker, Salz und Butter hinzufügen. Die Zutaten mit Handrührgerät mit Knethaken zunächst kurz auf niedrigster, dann auf höchster Stufe gut durcharbeiten. Den Teig etwa 30 Minuten kalt stellen.

2. Eine Springform (Ø 28–30 cm, Boden gefettet) mit dem Teig auslegen. Die Äpfel schälen, vierteln, entkernen, in Spalten schneiden, schuppenförmig im Kreis darauf legen. Die Form auf dem Rost in den Backofen schieben.

Ober-/Unterhitze: 180–200 °C (vorgeheizt)
Heißluft: 160–180 °C (nicht vorgeheizt)
Gas: etwa Stufe 3 (nicht vorgeheizt)
Backzeit: etwa 20 Minuten.

3. Für den Guss alle Zutaten gut verrühren, über die Äpfel gießen, bei gleicher Backofeneinstellung etwa 25 Minuten backen.

4. Den Apfelkuchen warm servieren.

MOHN-APFEL-QUARK-KUCHEN

DIE ZUTATEN:

FÜR DEN HEFETEIG:
250 g WEIZENMEHL
1 PCK. TROCKENHEFE
40 g ZUCKER
1 PCK. VANILLIN-ZUCKER
1 PRISE SALZ
5 TROPFEN ZITRONEN-AROMA
50 g ZERLASSENE, ABGEKÜHLTE BUTTER ODER MARGARINE
125 ml (⅛ l) LAUWARME MILCH

FÜR DEN BELAG:
300 ml MILCH
40 g ZUCKER
1 PCK. VANILLIN-ZUCKER
1 PRISE SALZ
50 g GRIESS
500 g MAGERQUARK
50 g BUTTER
2 EIER (GRÖSSE M)
2 PCK. MOHNBACK
375 g FEIN GESCHNITTENE ÄPFEL
75 g ROSINEN

FÜR DIE STREUSEL:
200 g WEIZENMEHL
75–100 g ZUCKER
1 PCK. VANILLIN-ZUCKER
125 g WEICHE BUTTER
PUDERZUCKER

1. Für den Teig das Mehl in eine Rührschüssel sieben und mit der Hefe sorgfältig vermischen. Die übrigen Zutaten hinzufügen und mit Handrührgerät mit Knethaken zunächst auf niedrigster, dann auf höchster Stufe in etwa 5 Minuten zu einem Teig verarbeiten. Den Teig zugedeckt so lange an einem warmen Ort stehen lassen, bis er sich sichtbar vergrößert hat.

2. Für den Belag die Milch mit Zucker, Vanillin-Zucker und Salz aufkochen lassen. Den Grieß einrühren, kurz aufkochen lassen und von der Kochstelle nehmen. Den Quark, Butter und Eier unterrühren. Unter die Hälfte der Quark-Grieß-Masse Mohnback, Apfelstücke und Rosinen rühren. Den Hefeteig durchkneten und auf einem gefetteten Backblech (30 x 40 cm) ausrollen. Zunächst mit der Mohn-Masse bestreichen und dann die restliche Quark-Masse gleichmäßig darauf streichen.

3. Für die Streusel das Mehl in eine Rührschüssel sieben. Den Zucker, Vanillin-Zucker und die Butter hinzufügen und mit Handrührgerät mit Knethaken zu Streuseln von gewünschter Größe verarbeiten. Die Streusel gleichmäßig auf der Quark-Masse verteilen. Den Teig noch einmal so lange gehen lassen, bis er sich sichtbar vergrößert hat, erst dann das Backblech in den Backofen schieben.

Ober-/Unterhitze: 180–200 °C (vorgeheizt)
Heißluft: 160–180 °C (nicht vorgeheizt)
Gas: etwa Stufe 3 (nicht vorgeheizt)
Backzeit: etwa 35 Minuten.

4. Den Kuchen vor dem Servieren mit Puderzucker bestäuben.

DIE ZUTATEN:

FÜR DEN BELAG:
100 ml WASSER
1 EL ZUCKER
1 ZIMTSTANGE
50 ml RUM
6–8 ÄPFEL

FÜR DEN RÜHRTEIG:
200 g BUTTER ODER
MARGARINE
200 g ZUCKER
1 PCK. VANILLIN-ZUCKER
4 EIER (GRÖSSE M)
200 g WEIZENMEHL
2 TL GEMAHLENER ZIMT
1 GESTR. EL KAKAO-
PULVER
2 ½ GESTR. TL BACK-
PULVER
125 g GEMAHLENE HASEL-
NUSSKERNE

FÜR DIE STREUSEL:
150 g WEIZENMEHL
1 MSP. GEMAHLENER ZIMT
75 g ZUCKER
1 PCK. VANILLIN-ZUCKER
100 g WEICHE BUTTER

✗ RUSSISCHER APFELKUCHEN

(FOTO)

1. Für den Belag Wasser mit Zucker und Zimtstange aufkochen lassen. Rum unterrühren. Äpfel schälen, halbieren und entkernen. Die Äpfel mit der Flüssigkeit übergießen und etwa 2 Stunden durchziehen lassen.

2. Für den Rührteig Butter oder Margarine mit Handrührgerät mit Rührbesen auf höchster Stufe geschmeidig rühren. Nach und nach Zucker und Vanillin-Zucker unterrühren, so lange rühren, bis eine gebundene Masse entstanden ist. Eier nach und nach unterrühren (jedes Ei etwa ½ Minute).

3. Mehl, Zimt, Kakao und Backpulver mischen, sieben und portionsweise auf mittlerer Stufe unterrühren. Haselnusskerne unterrühren. Den Teig in eine Springform (Ø 26 cm, Boden gefettet) geben und glatt streichen.

4. Die eingelegten Äpfel abtropfen lassen, an der gewölbten Seite mehrmals längs einschneiden und mit der Wölbung nach oben auf den Teig legen.

5. Für die Streusel Mehl in eine Rührschüssel sieben und mit Zimt, Zucker und Vanillin-Zucker mischen. Butter hinzufügen und alle Zutaten mit Handrührgerät mit Knethaken zu Streuseln von gewünschter Größe verarbeiten.

6. Die Streusel auf den Äpfel verteilen. Die Form auf dem Rost in den Backofen schieben.

Ober-/Unterhitze: etwa 180 °C (vorgeheizt)
Heißluft: etwa 160 °C (nicht vorgeheizt)
Gas: etwa Stufe 2–3 (nicht vorgeheizt)
Backzeit: etwa 60 Minuten.

DIE ZUTATEN:

FÜR DIE FÜLLUNG:
1 ½–2 kg ÄPFEL
1 EL WASSER
100 g ZUCKER
30 g BUTTER
1 MSP. ZIMTPULVER
75 g ROSINEN
ZUCKER

KRÜMELKUCHEN MIT APFEL-FÜLLUNG

1. Für die Füllung Äpfel schälen, vierteln, entkernen, in kleine Stücke schneiden, mit Wasser, Zucker, Butter, Zimt und Rosinen unter Rühren dünsten, erkalten lassen, evtl. noch mit Zucker abschmecken.

2. Für den Rührteig Margarine oder Butter mit Handrührgerät mit Rührbesen auf höchster Stufe geschmeidig rühren. Nach und nach Zucker, Vanillin-Zucker und Salz hinzufügen, so lange rühren, bis eine gebundene Masse entstanden ist.

(Fortsetzung Seite 15)

3. Ei unterrühren (etwa ½ Minute). Mehl mit Backpulver mischen, sieben, die Hälfte portionsweise auf mittlerer Stufe unterrühren. Den Rest des Mehls auf den Teig geben, mit Handrührgerät mit Knethaken zu einer krümeligen Masse verarbeiten.

4. Die Hälfte des Teiges auf ein gefettetes Backblech (30 x 40 cm) geben und gut andrücken. Vor den Teig einen mehrfach umgeknickten Streifen Alufolie legen.

5. Die Apfelfüllung gleichmäßig auf den Teig streichen, mit den restlichen Krümeln bestreuen. Das Backblech in den Backofen schieben.

Ober-/Unterhitze: 180–200 °C (vorgeheizt)
Heißluft: 160–180 °C (nicht vorgeheizt)
Gas: etwa Stufe 4 (nicht vorgeheizt)
Backzeit: 35–45 Minuten.

FÜR DEN RÜHRTEIG:
250 g WEICHE MARGARINE ODER BUTTER
200 g ZUCKER
1 PCK. VANILLIN-ZUCKER
1 PRISE SALZ
1 EI (GRÖSSE M)
500 g WEIZENMEHL
1 PCK. BACKPULVER

DIE ZUTATEN:

FÜR DEN TEIG:
250 g WEIZENMEHL
½ PCK. TROCKENHEFE
50 g ZUCKER
SALZ
125 ml (⅛ l) LAUWARME
MILCH
50 g ZERLASSENE,
ABGEKÜHLTE BUTTER
ODER MARGARINE

FÜR DIE FÜLLUNG:
1 GROSSES GLAS
APFELMUS (700 g)

**ZUM BESTREICHEN UND
BESTREUEN:**
1 EIGELB (GRÖSSE M)
1 EL MILCH
HAGELZUCKER

RHEINISCHER APFELKUCHEN

1. Für den Teig das Mehl in eine Rührschüssel sieben und sorgfältig mit der Hefe vermischen. Zucker, Salz, Milch und Butter oder Margarine hinzufügen. Die Zutaten mit Handrührgerät mit Knethaken zunächst kurz auf niedrigster, dann auf höchster Stufe in etwa 5 Minuten zu einem Teig verarbeiten. Sollte er kleben, noch etwas Mehl hinzufügen (aber nicht zu viel, der Teig muss weich bleiben). Den Teig abgedeckt so lange an einem warmen Ort stehen lassen, bis er sich sichtbar vergrößert hat.

2. Den Teig aus der Schüssel nehmen und auf der Arbeitsfläche nochmals kurz durchkneten. ⅔ des Teiges auf dem Boden einer Springform (28 cm, Boden gefettet) ausrollen, den Springformrand darumlegen, schließen und den Teig etwa 2 cm am Rand hochziehen (Springformrand nicht fetten).

3. Das Apfelmus auf den Teig streichen. Den restlichen Teig in Größe der Springform rund ausrollen, Streifen ausradeln und diese gitterförmig über das Apfelmus legen. Die Streifen mit verquirlter Eigelbmilch bestreichen und mit Hagelzucker bestreuen. Den Teig nochmals etwa 20 Minuten gehen lassen. Die Form auf dem Rost in den Backofen schieben.

Ober-/Unterhitze: 200–220 °C (vorgeheizt)
Heißluft: 180–200 °C (vorgeheizt)
Gas: etwa Stufe 4 (vorgeheizt)
Backzeit: etwa 20 Minuten.

KÖNIGLICHER APFELKUCHEN

1. Für den Teig Marzipan grob zerkleinern, mit Butter verrühren, nach und nach Zucker, Vanillin-Zucker und Salz unterrühren.

2. Die Eier nach und nach zugeben. Mehl mit Backpulver mischen, sieben und portionsweise auf mittlerer Stufe unterrühren.

3. Für den Belag Äpfel schälen, vierteln, Kerngehäuse herausschneiden, Äpfel mehrmals längs einritzen und mit Zitronensaft bepinseln.

4. Für die Streusel das Mehl in eine Rührschüssel sieben, die anderen Zutaten dazugeben, mit Knethaken auf niedrigster Stufe vorsichtig zu Streuseln von gewünschter Größe verarbeiten und kalt stellen.

5. Den Teig in eine Springform (Ø 28 cm, Boden gefettet) füllen und glatt streichen. Die Äpfel kranzförmig darauf legen. Mit Streuseln bestreuen und die Form auf dem Rost in den Backofen schieben.

Ober-/Unterhitze: etwa 180 °C (vorgeheizt)
Heißluft: etwa 160 °C (nicht vorgeheizt)
Gas: Stufe 2–3 (nicht vorgeheizt)
Backzeit: 50–60 Minuten.

6. Apfelkuchen sofort nach dem Backen aprikotieren. Dazu Aprikosenkonfitüre durch ein Sieb streichen und mit Wasser etwas einkochen. Die Kuchenoberfläche dick damit bestreichen.

DIE ZUTATEN:

200 g MARZIPAN-ROHMASSE
175 g WEICHE BUTTER
175 g ZUCKER
1 PCK. VANILLIN-ZUCKER
SALZ
3 EIER (GRÖSSE M)
300 g WEIZENMEHL
2 GESTR. TL BACKPULVER

FÜR DEN BELAG:
1 KG KLEINE ÄPFEL, Z.B. BOSKOP
SAFT VON 1 ZITRONE

FÜR DIE STREUSEL:
150 g WEIZENMEHL
75 g ZUCKER
1 PCK. VANILLIN-ZUCKER
30 g ABGEZOGENE, GEMAHLENE MANDELN
100 g FLÜSSIGE, WARME BUTTER

ZUM APRIKOTIEREN:
100 g APRIKOSEN-KONFITÜRE
2 EL WASSER

FÜR DEN KNETTEIG:
250 g WEIZENMEHL
1 MSP. BACKPULVER
100 g ZUCKER
1 PCK. VANILLIN-ZUCKER
5 TROPFEN BUTTER-
VANILLE-AROMA
2 EIGELB (GRÖSSE M)
150 g BUTTER ODER
MARGARINE

FÜR DEN VANILLEBELAG:
1 PCK. DESSERT-SOSSE
VANILLE-GESCHMACK ZUM
KOCHEN
1 EL ZUCKER
1 PCK. BOURBON-
VANILLEZUCKER
1 EIGELB (GRÖSSE M)
250 ml (¼ l) MILCH
40 g MARZIPANROHMASSE

FÜR DEN APFEL-MANDEL-
BELAG:
100 g ABGEZOGENE, GROB
GEMAHLENE MANDELN
100 g BRAUNER ZUCKER
1 PCK. BOURBON-
VANILLEZUCKER
4 EL CALVADOS
500 g ÄPFEL, Z.B. INGRID
MARIE
SAFT VON 1 ZITRONE
3 EIWEISS (GRÖSSE M)

40–50 ABGEZOGENE
MANDELN
2 EL KONDENSMILCH

ANNIS APFELTRAUM

1. Für den Teig Mehl und Backpulver mischen, in eine Rührschüssel sieben. Die restlichen Zutaten hinzugeben und mit Handrührgerät mit Knethaken zunächst auf niedrigster, dann auf höchster Stufe gut durcharbeiten.

2. Den Teig auf einer bemehlten Arbeitsfläche zu einem glatten Teig verkneten. Sollte der Teig kleben, ihn in Folie gewickelt etwa 30 Minuten kalt stellen.

3. Ein Drittel des Teiges etwas größer als die Springform (Ø 26 cm) ausrollen, Springformring auflegen, ausschneiden, auf Pergamentpapier legen, kühl stellen. Die Hälfte des restlichen Teiges auf dem gefetteten Boden der Springform ausrollen und mehrmals mit einer Gabel einstechen. Den Springformrand darumlegen und auf dem Rost in den Backofen schieben.

Ober-/Unterhitze: 200–220 °C (vorgeheizt)
Heißluft: 180–200 °C (vorgeheizt)
Gas: etwa Stufe 4 (vorgeheizt)
Backzeit: etwa 15 Minuten.

4. Für den Vanillebelag Dessert-Soßenpulver mit Zucker, Vanillezucker, Eigelb und 3 Esslöffeln kalter Milch anrühren. Die restliche Milch zum Kochen bringen. Die Marzipan-Rohmasse darin auflösen und die kochende Milch von der Kochstelle nehmen.

5. Das angerührte Dessert-Pulver hineinrühren, auf die Kochstelle stellen, unter Rühren aufkochen und etwas abkühlen lassen.

6. Den restlichen Teig zu einer Rolle formen und sie als Rand auf den vorgebackenen, etwas abgekühlten Boden legen. Den Teig an die Form drücken, so dass ein 3 cm hoher Rand entsteht. Die Creme dann auf den Knetteigboden streichen.

7. Für den Apfel-Mandel-Belag die Mandeln, Zucker, Vanillezucker und Calvados verrühren.

8. Die Äpfel schälen, vierteln, das Kerngehäuse entfernen, Äpfel grob raspeln, mit Zitronensaft unter die Mandelmasse rühren.

9. Das Eiweiß steif schlagen und zuletzt unterheben. Die Apfel-Mandel-Masse auf die Puddingmasse streichen. Die zurückbehaltene Teigplatte mit einem Teigrädchen in etwa 1 cm breite Streifen rädern, diese gitterartig auf die Apfelmasse legen.

10. Die Mandeln in die Teigzwischenräume legen. Die Mandeln und Teigstreifen mit Kondensmilch bestreichen. Die Form auf dem Rost in den Backofen schieben.

Ober-/Unterhitze: etwa 180 °C (vorgeheizt)
Heißluft: etwa 160 °C (nicht vorgeheizt)
Gas: Stufe 2–3 (nicht vorgeheizt)
Backzeit: etwa 45 Minuten.

APFEL-MOHN-KUCHEN

1. Für den Teig die Butter mit Handrührgerät mit Rührbesen auf höchster Stufe geschmeidig rühren, nach und nach Zucker und Vanillin-Zucker unterrühren, so lange rühren, bis eine gebundene Masse entstanden ist.

2. Die Eier nach und nach unterrühren (jedes Ei knapp ½ Minute). Das Mehl mit dem Backpulver mischen, sieben, portionsweise auf mittlerer Stufe unterrühren. Die Hälfte des Teiges in eine Springform (Ø 26 cm, Boden gefettet) geben.

3. Für die Füllung die Äpfel schälen, in dünne Scheiben schneiden. Die Apfelscheiben auf dem Teig verteilen, etwa 1 cm Rand frei lassen, mit den Mandeln bestreuen.

4. Mohnback unter den restlichen Teig geben, dann über die Apfelscheiben geben. Die Form auf dem Rost in den Backofen schieben.

Ober-/Unterhitze: etwa 180 °C (vorgeheizt)
Heißluft: etwa 160 °C (nicht vorgeheizt)
Gas: Stufe 2–3 (nicht vorgeheizt)
Backzeit: etwa 60 Minuten.

5. Zum Aprikotieren die Aprikosenkonfitüre durch ein Sieb streichen, mit Rum oder Wasser unter Rühren etwas einkochen lassen, dann den abgekühlten Kuchen damit aprikotieren. Nach Belieben mit gemahlenem Mohn und mit Apfelspalten (mit Zitronensaft bestrichen) garnieren.

APFELKUCHEN, SEHR FEIN

1. Für den Teig die Butter mit Handrührgerät mit Rührbesen auf höchster Stufe geschmeidig rühren. Nach und nach Zucker, Vanillin-Zucker, Salz und Zitronen-Aroma unterrühren. So lange rühren, bis eine gebundene Masse entstanden ist.

2. Die Eier nach und nach unterrühren (jedes Ei etwa ½ Minute). Das Mehl mit dem Backpulver mischen, sieben und abwechselnd esslöffelweise mit der Milch auf mittlerer Stufe unterrühren (nur so viel Milch verwenden, dass der Teig schwer-reißend von einem Löffel fällt). Den Teig in eine Springform (Ø 28 cm, Boden gefettet) füllen und glatt streichen.

3. Für den Belag die Äpfel schälen, vierteln, entkernen und mehrmals der Länge nach einritzen, kranzförmig auf den Teig legen. Die Äpfel mit zerlassener Butter bestreichen. Die Form auf dem Rost in den Backofen schieben.

Ober-/Unterhitze: 180–200 °C (vorgeheizt)
Heißluft: 160–180 °C (nicht vorgeheizt)
Gas: etwa Stufe 3 (nicht vorgeheizt)
Backzeit: 40–50 Minuten.

4. Zum Aprikotieren die Aprikosenkonfitüre mit Wasser oder Rum unter Rühren aufkochen lassen. Den Kuchen sofort nach dem Backen damit bestreichen.

DIE ZUTATEN:

FÜR DEN TEIG:
125 g WEICHE BUTTER
125 g ZUCKER
1 PCK. VANILLIN-ZUCKER
SALZ
½ FLÄSCHCHEN ZITRONEN-AROMA
3 EIER (GRÖSSE M)
200 g WEIZENMEHL
2 GESTR. TL BACKPULVER
1–2 EL MILCH

FÜR DEN BELAG:
750 g ÄPFEL, Z.B. JONAGOLD
25 g ZERLASSENE BUTTER

ZUM APRIKOTIEREN:
2 EL DURCH EIN SIEB GESTRICHENE APRIKOSEN-KONFITÜRE
1 EL WASSER ODER RUM

DIE ZUTATEN:

FÜR DEN KNETTEIG:
150 g WEIZENMEHL
2 TL PUDERZUCKER
1 PCK. VANILLIN-ZUCKER
SALZ
1 EIGELB (GRÖSSE M)
3 EL WASSER
80 g BUTTER

FÜR DEN BELAG:
2 kg ÄPFEL
60 g WEICHE BUTTER
125 g ZUCKER

TARTE TATIN *(Foto)*

1. Für den Teig das Mehl mit Puderzucker in eine Rührschüssel sieben. Vanillin-Zucker, Salz, Eigelb, Wasser und Butter hinzufügen.

2. Die Zutaten mit Handrührgerät mit Knethaken zunächst kurz auf niedrigster, dann auf höchster Stufe kurz durcharbeiten, anschließend auf der Arbeitsfläche zu einem glatten Teig verkneten, ihn etwa 1 Stunde kalt stellen.

3. Für den Belag Äpfel schälen, vierteln, entkernen, eine Tarteform (Ø 28 cm, Boden gefettet) mit Zucker ausstreuen.

4. Die Apfelviertel – mit der Spitze nach unten – dicht nebeneinander in die Form stellen, die Form auf die Kochstelle stellen. Den Zucker bei schwacher Hitze karamellisieren lassen.

5. Den Teig in Größe der Form ausrollen, auf die Äpfel legen. Die Form auf dem Rost in den Backofen schieben.

Ober-/Unterhitze: etwa 200 °C (vorgeheizt), **Heißluft:** etwa 180 °C (nicht vorgeheizt)
Gas: Stufe 3–4 (nicht vorgeheizt), **Backzeit:** etwa 40 Minuten.

6. Sofort nach dem Backen den Gebäckrand mit Hilfe eines Messers lösen, das Gebäck etwa 20 Minuten in der Form abkühlen lassen und dann stürzen.

VERSUNKENE ÄPFEL MIT BUTTERBRÖSELN

DIE ZUTATEN:

FÜR DEN RÜHRTEIG:
250 g WEICHE BUTTER
ODER MARGARINE
250 g ZUCKER
2 PCK. VANILLIN-ZUCKER
4 EIER (GRÖSSE M)
250 g WEIZENMEHL
2 GESTR. TL BACKPULVER

FÜR DEN BELAG:
12 KLEINE ÄPFEL,
Z.B. BOSKOP
100 g ZWIEBACK
100 g BUTTER
50 g ZUCKER
50 g GEHOBELTE
HASELNUSSKERNE

1. Für den Teig Butter oder Margarine mit Handrührgerät mit Rührbesen auf höchster Stufe geschmeidig rühren. Nach und nach Zucker und Vanillin-Zucker unterrühren. So lange rühren, bis eine gebundene Masse entstanden ist. Die Eier nach und nach unterrühren (jedes Ei etwa ½ Minute).

2. Mehl und Backpulver mischen, sieben und portionsweise unterrühren. Den Teig auf eine gut gefettete Fettfangschale (30 x 40 cm) streichen.

3. Für den Belag die Äpfel schälen, halbieren, Kerngehäuse herausschneiden, die Apfelhälften gleichmäßig auf den Teig legen und leicht hineindrücken.

4. Zwieback fein zerkleinern und mit zerlassener Butter und Zucker mischen. Die Zwiebackmischung über die Äpfel verteilen und mit Haselnüssen bestreuen.

Ober-/Unterhitze: etwa 180 °C (vorgeheizt), **Heißluft:** etwa 160 °C (nicht vorgeheizt)
Gas: Stufe 2–3 (nicht vorgeheizt), **Backzeit:** 35–40 Minuten.

5. Den Kuchen etwa 10 Minuten abkühlen lassen, dann in Portionsstücke schneiden und vom Blech nehmen. Den Kuchen möglichst lauwarm servieren.

DIE ZUTATEN:

FÜR DEN STRUDELTEIG:
250 g WEIZENMEHL
SALZ
100 ml LAUWARMES
WASSER
1 EI (GRÖSSE M)
1 EL SPEISEÖL

FÜR DIE FÜLLUNG:
500 g FRISCH
GEMAHLENER MOHN
375 ml–500 ml (³⁄₈–¹⁄₂ l)
KOCHENDES WASSER
100 g ZUCKER
3 EL HONIG
1 EI (GRÖSSE M)
ABGERIEBENE SCHALE
VON 1 ZITRONE
(UNBEHANDELT)
100 g VERLESENE
ROSINEN
250 g SÄUERLICHE ÄPFEL,
Z.B. BOSKOP

50 g ZERLASSENE BUTTER
PUDERZUCKER

OSTDEUTSCHER MOHN-STRUDEL

1. Für den Teig das Mehl in eine Rührschüssel sieben, Salz, lauwarmes Wasser, Ei und Speiseöl hinzufügen. Die Zutaten mit Handrührgerät mit Knethaken zunächst kurz auf niedrigster, dann auf höchster Stufe gut durcharbeiten, anschließend auf der Arbeitsfläche zu einem glatten Teig verkneten, ihn auf Pergamentpapier in einen heißen, trockenen Kochtopf legen (vorher Wasser darin kochen), mit einem Deckel verschließen, etwa 30 Minuten ruhen lassen.

2. Für die Füllung den gemahlenen Mohn mit kochendem Wasser übergießen, verrühren, bis eine geschmeidige Masse entstanden ist. Den Zucker mit dem Honig, Ei, Zitronenschale und Rosinen unterrühren.

3. Die Äpfel schälen, entkernen, grob raspeln, unter die Mohnmasse rühren. Den Strudelteig auf einem bemehlten großen Tuch dünn ausrollen, dann zu einem Rechteck von etwa 50 x 70 cm ausziehen (er muss durchsichtig sein). Die Ränder, wenn sie dicker sind, abschneiden.

4. Auf ²⁄₃ des Teiges die Füllung streichen (an den kürzeren Seiten etwa 3 cm Teig frei lassen). Die Teigränder über die Füllung schlagen, den Teig mit Hilfe des Tuches, mit der Füllung beginnend, aufrollen, an den Enden gut zusammendrücken.

5. Den Strudel auf ein gefettetes Backblech (30 x 40 cm) legen, mit etwas von der zerlassenen Butter bestreichen, in den Backofen schieben, den Strudel während des Backens mit der restlichen Butter bestreichen.

Ober-/Unterhitze: etwa 200 °C (vorgeheizt)
Heißluft: etwa 180 °C (nicht vorgeheizt)
Gas: Stufe 3–4 (nicht vorgeheizt)
Backzeit: etwa 40–50 Minuten.

6. Den Puderzucker auf den erkalteten Strudel stäuben.

BRATAPFELKUCHEN

1. Die Rosinen mit Rum oder Calvados übergießen und mehrere Stunden (am besten über Nacht) durchziehen lassen.

2. Für den Teig das Mehl mit Backpulver mischen, in eine Rührschüssel sieben. Zucker, Vanillin-Zucker, Salz, Wasser, Butter oder Margarine hinzufügen. Die Zutaten mit Handrührgerät mit Knethaken zunächst auf niedrigster, dann auf höchster Stufe gut durcharbeiten. Anschließend auf der Arbeitsfläche zu einem glatten Teig verkneten, sollte er kleben, ihn eine Zeit lang kalt stellen.

3. Gut die Hälfte des Teiges auf dem Springformboden (Ø 26 cm, Boden gefettet) ausrollen, mehrmals mit einer Gabel einstechen und den Springformrand darum legen. Den restlichen Teig zu einer Rolle formen und als Rand auf den Tortenboden legen. Die Teigrolle so an den Springformrand drücken, dass ein etwa 4 cm hoher Rand entsteht.

4. Für die Füllung Äpfel schälen und Kerngehäuse mit einem Apfelausstecher ausstechen. Äpfel in die Form legen, (evtl. 1–2 Äpfel halbieren, damit auch die Lücken ausgefüllt werden) und mit den getränkten Rosinen füllen.

5. Pudding-Pulver mit 100 ml Sahne oder halb Milch und halb Sahne, Eigelb und Zucker anrühren. Die restliche Flüssigkeit zum Kochen bringen, von der Kochstelle nehmen, das angerührte Pudding-Pulver einrühren, gut aufkochen lassen. Den Pudding sofort über die Äpfel geben. Die Form auf dem Rost in den Backofen schieben.

Ober-/Unterhitze: etwa 180 °C (vorgeheizt), **Heißluft:** etwa 160 °C (nicht vorgeheizt)
Gas: Stufe 2–3 (nicht vorgeheizt), **Backzeit:** 55–60 Minuten.

6. Den Kuchen erkalten lassen, aus der Form lösen. Die Aprikosenkonfitüre mit dem Wasser unter Rühren etwas einkochen lassen und den Kuchen damit bestreichen, mit Mandelblättchen garnieren und mit Puderzucker bestäuben.

DIE ZUTATEN:

75 g ROSINEN
2–3 EL RUM ODER CALVADOS

FÜR DEN KNETTEIG:
200 g WEIZENMEHL
½ GESTR. TL BACK-PULVER
75 g ZUCKER
1 PCK. VANILLIN-ZUCKER
1 PRISE SALZ
2 EL WASSER
100 g WEICHE BUTTER ODER MARGARINE

FÜR DIE FÜLLUNG:
9–10 KLEINE ÄPFEL, Z.B. BOSKOP
1 ½ PCK. PUDDING-PULVER VANILLE-GESCHMACK
600 ml SCHLAGSAHNE ODER HALB MILCH, HALB SCHLAGSAHNE
2 EIGELB (GRÖSSE M)
50 g ZUCKER

ZUM BESTREICHEN:
4 EL APRIKOSEN-KONFITÜRE
1 EL WASSER

4 EL GEBRÄUNTE MANDELBLÄTTCHEN
PUDERZUCKER

DIE ZUTATEN:

FÜR DEN KNETTEIG:
350 g WEIZENMEHL
4 GESTR. TL BACKPULVER
70 g ZUCKER
1 PCK. VANILLIN-ZUCKER
1 EI (GRÖSSE M)
4 EL MILCH
50 g BUTTER ODER
MARGARINE

FÜR DIE FÜLLUNG:
4 GLÄSER STÜCKIGES
APFELMUS (JE 350 g)
75 g ROSINEN

ZUM BESTREICHEN:
1 EIGELB (GRÖSSE M)
1 EL MILCH
50 g ABGEZOGENE,
GEHOBELTE MANDELN

DIE ZUTATEN:

300 g TK-BLÄTTERTEIG

FÜR DEN BELAG:
500 g ÄPFEL
2 EL ZUCKER
½ TL VANILLIN-ZUCKER
50 g ABGEZOGENE,
GEHOBELTE MANDELN
150 g APRIKOSEN-
KONFITÜRE
250 ml (¼ l) SCHLAG-
SAHNE
2–3 EL CALVADOS ODER
APRIKOSENLIKÖR

GEDECKTER APFELKUCHEN VOM BLECH *(FOTO)*

1. Für den Teig Mehl mit Backpulver mischen, in eine Rührschüssel sieben. Restliche Zutaten hinzugeben und mit Handrührgerät mit Knethaken zunächst auf niedrigster, dann auf höchster Stufe gut durcharbeiten.

2. Den Teig auf einer bemehlten Arbeitsfläche zu einem glatten Teig verkneten, sollte er kleben, ihn in Folie gewickelt 20–30 Minuten kühl stellen.

3. Knapp die Hälfte des Teiges dünn ausrollen. Für die Decke eine Teigplatte in Backblechgröße (30 x 40 cm) ausschneiden, auf Backpapier mit Hilfe einer Teigrolle aufrollen. Den restlichen Teig auf dem gefetteten Backblech ausrollen.

4. Für die Füllung Apfelmus mit Rosinen auf dem Boden verteilen, die Teigdecke darauf abrollen.

5. Zum Bestreichen Eigelb mit Milch verschlagen. Den Teig damit bestreichen und mit den Mandeln bestreuen. Die Teigdecke mehrmals mit einer Gabel einstechen.

Ober-/Unterhitze: 200–220 °C (vorgeheizt), **Heißluft:** 180–200 °C (vorgeheizt) **Gas:** etwa Stufe 4 (vorgeheizt), **Backzeit:** 20–25 Minuten.

6. Das Backblech auf einen Kuchenrost stellen, erkalten lassen.

SAARLÄNDISCHER APFEL-KUCHEN

1. Blätterteig zugedeckt bei Zimmertemperatur nach Packungsanleitung auftauen lassen.

2. Die Teigplatten aufeinander legen und zu einer runden Platte in der Größe der Springform (Ø 28 cm) ausrollen. Den Teig auf den Boden einer gefetteten mit Wasser abgespülten Springform legen, den Springformrand darumlegen und schließen.

3. Für den Belag Äpfel schälen, vierteln, entkernen und in dünne Scheiben schneiden. Äpfel auf dem Blätterteig verteilen. Zucker und Vanillin-Zucker mischen und zusammen mit den gehobelten Mandeln über die Äpfel streuen. Die Springform auf dem Rost in den Backofen schieben.

Ober-/ Unterhitze: 200–220 °C (vorgeheizt), **Heißluft:** 180–200 °C (vorgeheizt) **Gas:** etwa Stufe 4 (vorgeheizt), **Backzeit:** etwa 20 Minuten.

4. Aprikosenkonfitüre durch ein Sieb streichen und unter Rühren kurz aufkochen. Den Kuchen sofort nach dem Backen damit bestreichen.

5. Sahne steif schlagen, mit Calvados oder Likör abschmecken, zu dem Kuchen reichen.

FÜR DEN RÜHRTEIG:
125 g WEICHE BUTTER
125 g ZUCKER
1 PCK. VANILLIN-ZUCKER
SALZ
1 MSP. GEMAHLENER
INGWER
3 EIER (GRÖSSE M)
200 g WEIZENMEHL
2 GESTR. TL BACKPULVER
1–2 EL MILCH

FÜR DEN BELAG:
750 g ÄPFEL, Z.B.
BOSKOP
25 g ZERLASSENE BUTTER
40 g VERLESENE ROSINEN
25 g GESTIFTELTE
MANDELN

ZUM APRIKOTIEREN:
2 EL DURCH EIN SIEB
GESTRICHENE APRIKOSEN-
KONFITÜRE
1 EL WASSER ODER
CALVADOS

APFELKUCHEN, EINMAL ANDERS *(TITELFOTO)*

1. Für den Teig die Butter mit Handrührgerät mit Rührbesen auf höchster Stufe geschmeidig rühren. Nach und nach Zucker, Vanillin-Zucker, Salz und Ingwer unterrühren. So lange rühren, bis eine gebundene Masse entstanden ist. Die Eier nach und nach unterrühren (jedes Ei etwa ½ Minute). Das Mehl mit dem Backpulver mischen, sieben und abwechselnd portionsweise mit der Milch auf mittlerer Stufe unterrühren (nur so viel Milch verwenden, dass der Teig schwer-reißend von einem Löffel fällt). Den Teig in eine Springform (Ø 28 cm, Boden gefettet) füllen und glatt streichen.

2. Für den Belag die Äpfel schälen, vierteln, entkernen und mehrmals der Länge nach einritzen. Kranzförmig auf den Teig legen. Die Äpfel mit zerlassener Butter bestreichen. Nach Belieben die Rosinen und die Mandelstifte darüber streuen. Die Form auf dem Rost in den Backofen schieben.

Ober-/Unterhitze: 180–200 °C (vorgeheizt)
Heißluft: 160–180 °C (nicht vorgeheizt)
Gas: etwa Stufe 3 (nicht vorgeheizt)
Backzeit: 40–50 Minuten.

3. Zum Aprikotieren die Aprikosenkonfitüre mit Wasser oder Calvados unter Rühren aufkochen lassen. Den Kuchen sofort nach dem Backen damit bestreichen.

DIE ZUTATEN:

FÜR DEN BELAG:
1 PCK. PUDDING-PULVER
VANILLE-GESCHMACK
20 g SPEISESTÄRKE
75 g ZUCKER
375 ml (³/₈ l) KALTE
MILCH
125 ml (¹/₈ l) SCHLAG-
SAHNE
1 EIGELB (GRÖSSE M)
1 EIWEISS (GRÖSSE M)
1 ¹/₄ kg ÄPFEL (Z.B.
BOSKOP ODER GRAVEN-
STEINER)

FÜR DEN QUARK-ÖL-TEIG:
300 g WEIZENMEHL
1 PCK. BACKPULVER
150 g SPEISEQUARK
6 EL MILCH
6 EL SPEISEÖL
75 g ZUCKER
1 PCK. VANILLIN-ZUCKER
SALZ

ZUM APRIKOTIEREN:
2 EL APRIKOSEN-
KONFITÜRE
1 EL WASSER
1–2 EL APRIKOT BRANDY

APFELKUCHEN MIT PUDDING

1. Für den Belag das Pudding-Pulver, Speisestärke und Zucker mit 6 Esslöffeln von der kalten Milch anrühren. Die übrige Milch zum Kochen bringen, von der Kochstelle nehmen, das Pudding-Pulver unter Rühren hineingeben, kurz aufkochen lassen. Den Pudding während des Erkaltens ab und zu umrühren. Die Sahne und das Eigelb unter den etwas abgekühlten Pudding rühren.

2. Für den Teig das Mehl mit Backpulver mischen, in eine Rührschüssel sieben. Quark, Milch, Speiseöl, Zucker, Vanillin-Zucker und Salz hinzufügen. Die Zutaten mit Handrührgerät mit Knethaken auf höchster Stufe in etwa 1 Minute verarbeiten (nicht zu lange, der Teig klebt sonst). Anschließend den Teig auf einer bemehlten Arbeitsfläche zu einer Rolle formen. Den Teig auf einem gefetteten Backblech (30 x 40 cm) ausrollen.

3. Das Eiweiß steif schlagen – es muss so fest sein, dass ein Messerschnitt sichtbar bleibt – und unter den Pudding heben. Die Masse gleichmäßig auf dem Teig verteilen. Die Äpfel schälen, vierteln, entkernen, in Spalten schneiden, schuppenförmig auf den Pudding legen.

4. Vor den Teig ein mehrfach umgeknicktes Stück Alufolie legen. Das Backblech in den Backofen schieben.

Ober-/Unterhitze: 180–200 °C (vorgeheizt)
Heißluft: 160–180 °C (nicht vorgeheizt)
Gas: etwa Stufe 3 (nicht vorgeheizt)
Backzeit: etwa 35 Minuten.

5. Zum Aprikotieren die Aprikosenkonfitüre durch ein Sieb streichen, mit Wasser und Aprikot Brandy verrühren, kurz aufkochen lassen, sofort nach dem Backen den Kuchen damit bestreichen.

DIE ZUTATEN:

FÜR DEN STRUDELTEIG:
200 g WEIZENMEHL
SALZ
75 ml LAUWARMES
WASSER
50 g ZERLASSENE BUTTER
ODER 3 EL SPEISEÖL

FÜR DIE FÜLLUNG:
1–1 ½ KG ÄPFEL
½ FLÄSCHCHEN RUM-
AROMA ODER 3 TROPFEN
ZITRONEN-AROMA
75 g ZERLASSENE BUTTER
50 g SEMMELBRÖSEL
50 g ROSINEN
100 g ZUCKER
1 PCK. VANILLIN-ZUCKER
50 g ABGEZOGENE,
GEHACKTE MANDELN

APFELSTRUDEL (FOTO)

1. Für den Teig das Mehl in eine Rührschüssel sieben und in die Mitte eine Vertiefung drücken. Salz hineingeben, und nach und nach Wasser, Butter oder Öl hinzufügen.

2. Von der Mitte aus alle Zutaten schnell zu einem glatten Teig verkneten, ihn auf Pergamentpapier in einen heißen, trockenen Kochtopf (vorher Wasser darin kochen) legen, mit einem Deckel verschließen, etwa 30 Minuten ruhen lassen.

3. Für die Füllung die Äpfel schälen, vierteln, entkernen und in feine Stifte schneiden. Rum- oder Zitronen-Aroma untermischen.

4. Den Strudelteig auf einem bemehlten, großen Tuch (Tischtuch) ausrollen und dünn mit etwas von der Butter bestreichen. Den Teig anheben und über den Hand-rücken zu einem Rechteck (50 x 70 cm) ausziehen. Der Teig muss durchsichtig sein. Die Ränder, wenn sie dicker sind, abschneiden.

5. Zwei Drittel der Butter auf den Teig streichen. Die Semmelbrösel auf den Teig streuen und dabei an den kürzeren Seiten etwa 3 cm frei lassen. Nacheinander Äpfel, Rosinen, Zucker, Vanillin-Zucker und Mandeln auf der Hälfte des Teiges verteilen.

6. Die frei gebliebenen Teigränder auf die Füllung schlagen. Den Teig von der längeren Seite her, mit der Füllung beginnend, aufrollen. An den Enden gut zusammen-drücken und auf ein gefettetes Backblech legen. Mit Butter bestreichen und in den Backofen schieben.

Ober-/Unterhitze: etwa 180 °C (vorgeheizt)
Heißluft: etwa 160 °C (nicht vorgeheizt)
Gas: Stufe 2–3 (nicht vorgeheizt)
Backzeit: 45–55 Minuten.

7. Während des Backens den Strudel mit der restlichen Butter bestreichen.

Tipp:
Dazu eine Eierlikörsahne reichen. 250 ml (¼ L) Schlag-sahne mit 1 Päckchen Sahnesteif und 1 Teelöffel Zucker steif schlagen und 4–6 Esslöffel Eierlikör unterrühren.

DIE ZUTATEN:

FÜR DEN TEIG:
150 g WEICHE BUTTER
75–100 g AHORNSIRUP
MARK AUS 1 VANILLE-
SCHOTE
MEERSALZ
3 EIER (GRÖSSE M)
50 g FEIN GEMAHLENER
DINKEL ODER WEIZEN
1 GEH. TL BACKPULVER
125 g FEINE HAFER-
FLOCKEN
600–750 g MÜRBE ÄPFEL
(Z.B. KLARAPFEL,
BOSKOP)
50 g UNGESCHWEFELTE
SULTANINEN
50 g BUTTERFLÖCKCHEN
40 g ABGEZOGENE,
GEHOBELTE MANDELN

KANADISCHER APFELKUCHEN

1. Für den Teig die Butter mit Handrührgerät mit Rührbesen auf höchster Stufe in etwa ½ Minute geschmeidig rühren. Nach und nach Ahornsirup, das Mark aus der Vanilleschote und Meersalz unterrühren. So lange rühren, bis eine gebundene Masse entstanden ist.

2. Die Eier nach und nach unterrühren (jedes Ei etwa ½ Minute). Den Dinkel oder Weizen mit dem Backpulver mischen, mit den Haferflocken vermengen und esslöffelweise auf mittlerer Stufe unterrühren. ⅔ des Teiges in eine Spring- oder Pieform (Ø 28 cm, Boden gefettet) geben und glatt streichen.

3. Die Äpfel schälen, vierteln, entkernen, in kleine Stücke schneiden und auf dem Teig verteilen. Die Sultaninen darüber streuen. Den restlichen Teig mit Hilfe von 2 Teelöffeln in Häufchen auf den Äpfeln verteilen. Mit Butterflöckchen belegen. Die Mandeln darüber streuen. Die Form auf dem Rost in den Backofen schieben.

Ober-/Unterhitze: 180–200 °C (vorgeheizt)
Heißluft: 160–180 °C (nicht vorgeheizt)
Gas: etwa Stufe 4 (nicht vorgeheizt)
Backzeit: 50–60 Minuten.

Beigabe: Geschlagene Sahne mit 1 Esslöffel Ahornsirup gesüßt.

APFELKUCHEN „BURG BLOMBERG"

1. Für den Teig die Butter mit Handrührgerät mit Rührbesen auf höchster Stufe in etwa ½ Minute geschmeidig rühren. Nach und nach den Zucker, Vanillin-Zucker und die Zitronenschale unterrühren, so lange rühren, bis eine gebundene Masse entstanden ist.

2. Die Eier nach und nach unterrühren (jedes Ei etwa ½ Minute). Mehl und Backpulver mischen, sieben und portionsweise auf mittlerer Stufe unterrühren. Knapp die Hälfte des Teiges in eine gefettete, mit Semmelbröseln bestreute Springform (Ø 26 cm) füllen und den Teig glatt streichen.

3. Für die Füllung die Äpfel schälen, vierteln, entkernen, in Spalten schneiden und auf den Teig legen. Die andere Teighälfte darauf verteilen, glatt streichen. Die Form auf dem Rost in den Backofen schieben.

Ober-/Unterhitze: 180–200 °C (vorgeheizt)
Heißluft: 160–180 °C (nicht vorgeheizt)
Gas: etwa Stufe 4 (nicht vorgeheizt)
Backzeit: 40–45 Minuten.

4. Den Kuchen aus der Form lösen, auf einen Kuchenrost stürzen.

5. Zum Aprikotieren die Konfitüre unter Rühren erwärmen. Den noch heißen Kuchen (auch den Rand) damit bestreichen und mit Mandeln bestreuen. Den Kuchen erkalten lassen, mit Puderzucker bestäuben.

DIE ZUTATEN:

FÜR DEN RÜHRTEIG:
200 g BUTTER
200 g ZUCKER
1 PCK. VANILLIN-ZUCKER
1 PCK. FEINE ZITRONEN-SCHALE
4 EIER (GRÖSSE M)
200 g WEIZENMEHL
½ GESTR. TL BACKPULVER
SEMMELBRÖSEL

FÜR DIE FÜLLUNG:
800 g SÄUERLICHE ÄPFEL, Z.B. BOSKOP

ZUM APRIKOTIEREN:
3 EL APRIKOSEN-KONFITÜRE

ZUM BESTREUEN:
100 g GEHOBELTE, GEBRÄUNTE MANDELN

ZUM BESTÄUBEN:
PUDERZUCKER

FÜR DEN RÜHRTEIG:

125 g WEICHE BUTTER

125 g ZUCKER

1 PCK. VANILLIN-ZUCKER

ABGERIEBENE SCHALE

VON 1 ZITRONE

(UNBEHANDELT)

1 PRISE SALZ

3 EIER (GRÖSSE M)

300 g WEIZENMEHL

3 GESTR. TL BACKPULVER

FÜR DIE FÜLLUNG:

1 kg ÄPFEL, Z.B. GRAVEN-
STEINER, BOSKOP ODER
COX ORANGE

ZITRONENSAFT

25–50 g ZUCKER

1 TL GEMAHLENER ZIMT

1 PCK. RUM-ROSINEN

40 g WEIZENMEHL

ZUM BESTREICHEN:

1 EIGELB (GRÖSSE M)

1 EL MILCH

DIE ZUTATEN:

300 g TK-BLÄTTERTEIG

500 g ÄPFEL, Z.B. JONA-
GOLD, JAMES GRIEVE

50 g WEIZENMEHL

100 g PUDERZUCKER

200 g SCHMAND

SCHWÄBISCHER APFEL-KUCHEN *(FOTO)*

1. Für den Teig Butter mit Handrührgerät mit Rührbesen auf höchster Stufe in etwa ½ Minute geschmeidig rühren.

2. Nach und nach Zucker, Vanillin-Zucker, Zitronenschale und Salz unterrühren. So lange rühren, bis eine gebundene Masse entstanden ist. Eier nach und nach unterrühren (jedes Ei etwa ½ Minute).

3. Mehl mit Backpulver mischen, sieben, portionsweise auf mittlerer Stufe unterrühren. ⅔ des Teiges in eine Springform (Ø 28 cm, Boden gefettet) geben und glatt streichen.

4. Für die Füllung Äpfel schälen, vierteln, entkernen, in dünne Scheiben schneiden, mit Zitronensaft vermischen und mit Zucker und Zimt verrühren, etwa 10 Minuten durchziehen lassen.

5. Rum-Rosinen hinzugeben, vermengen und auf dem Teigboden verteilen. Den restlichen Teig mit Mehl verkneten, zu einer Platte in der Größe des Springformbodens ausrollen, auf die Apfelfüllung legen und etwas andrücken.

6. Eigelb mit Milch verschlagen, die Teigoberfläche damit bestreichen, mehrmals mit einer Gabel einstechen. Die Form auf dem Rost in den Backofen schieben.

Ober-/Unterhitze: etwa 180 °C (vorgeheizt)
Heißluft: etwa 160 °C (nicht vorgeheizt)
Gas: Stufe 2–3 (nicht vorgeheizt)
Backzeit: etwa 50 Minuten.

ELSÄSSER APFELKUCHEN

1. Blätterteig zugedeckt bei Zimmertemperatur auftauen lassen.

2. Eine Springform (Ø 26 cm) mit kaltem Wasser abspülen und die Form mit Blätterteig auslegen.

3. Äpfel schälen, vierteln, Kerngehäuse entfernen, Äpfel in dicke Spalten schneiden. Die Apfelstücke auf dem Blätterteig verteilen, die Form auf dem Rost in den Backofen schieben.

Ober-/Unterhitze: 230–250 °C (vorgeheizt), **Heißluft:** 200–230 °C (nicht vorgeheizt)
Gas: Stufe 5–6 (vorgeheizt), **Backzeit:** etwa 10 Minuten.

3. Mehl und Puderzucker mit Schmand anrühren, über die Äpfel streichen und die Torte bei gleicher Backtemperatur in etwa 20 Minuten fertig backen.

DIE ZUTATEN:

FÜR DEN HEFETEIG:

400 g WEIZENMEHL

1 PCK. TROCKENHEFE

50 g ZUCKER

1 PCK. VANILLIN-ZUCKER

1 PRISE SALZ

1 EI (GRÖSSE S)

50 g ZERLASSENE,
ABGEKÜHLTE BUTTER
ODER MARGARINE

2 EL SPEISEÖL

200 ML LAUWARME MILCH

FÜR DEN BELAG:

1,5–2 kg ÄPFEL, Z.B.
BOSKOP

300 g WEIZENMEHL

150 g ZUCKER

1 PCK. VANILLIN-ZUCKER

1 MSP. GEMAHLENER ZIMT

200 g WEICHE BUTTER

APFELKUCHEN MIT STREUSELN

1. Für den Teig das Mehl in eine Rührschüssel sieben und mit der Hefe sorgfältig vermischen. Die übrigen Zutaten hinzufügen und mit Handrührgerät mit Knethaken zunächst auf niedrigster, dann auf höchster Stufe in etwa 5 Minuten zu einem Teig verarbeiten.

2. Den Teig an einem warmen Ort so lange stehen lassen, bis er sich sichtbar vergrößert hat. Den Teig nochmals gut durchkneten und auf einem gefetteten Backblech (30 x 40 cm) ausrollen. Vor den Teig einen mehrfach geknickten Streifen Alufolie legen.

3. Für den Belag die Äpfel schälen, vierteln, vom Kerngehäuse befreien, in dicke Spalten schneiden und schuppenförmig auf den Teig legen. Das Mehl in eine Rührschüssel sieben. Den Zucker, Vanillin-Zucker, Zimt und Butter in Flöckchen dazugeben und mit Handrührgerät mit Knethaken zu Streuseln von gewünschter Größe verarbeiten.

4. Die Streusel gleichmäßig auf den Äpfeln verteilen. Den belegten Teig nochmals an einem warmen Ort gehen lassen bis er sich vergrößert hat, erst dann in den Backofen schieben.

Ober-/Unterhitze: etwa 200 °C (vorgeheizt)
Heißluft: etwa 180 °C (vorgeheizt)
Gas: Stufe 3–4 (vorgeheizt)
Backzeit: etwa 30 Minuten.

APFEL-MOHN-NUSS-KUCHEN

1. Für den Teig das Mehl mit Backpulver mischen, in eine Rührschüssel sieben. Den Zucker, Vanillin-Zucker, Salz, Eigelb, Eiweiß und Butter hinzufügen. Die Zutaten mit Handrührgerät mit Knethaken zunächst kurz auf niedrigster, dann auf höchster Stufe gut durcharbeiten, zuletzt die Haselnusskerne unterheben.

2. Den Teig auf der Arbeitsfläche gut verkneten, sollte er kleben, ihn eine Zeit lang kalt stellen. Für die Mohn-Füllung den Mohn mit Milch und Butter gut verrühren, etwa 15 Minuten zum Quellen stehen lassen, kalt stellen.

3. Für die Apfel-Füllung die Äpfel schälen, vierteln, entkernen, in sehr kleine Stücke schneiden, mit Zucker und Zimt unter Rühren leicht dünsten lassen, kalt stellen. Knapp ⅓ des Teiges dünn ausrollen, mit einer runden, gezackten Form (Ø 3 cm) Plätzchen ausstechen, beiseite legen.

4. Gut die Hälfte des restlichen Teiges auf dem Boden einer Springform (Ø 28 cm, Boden gefettet) ausrollen. Den Rest des Teiges zu einer Rolle formen, sie als Rand auf den Teigboden legen, so an die Form drücken, dass ein etwa 3 cm hoher Rand entsteht.

5. Unter die abgekühlte Mohnmasse das Saucen-Pulver, Zucker und Ei rühren, auf den Teigboden streichen, die erkaltete Apfel-Füllung gleichmäßig darauf verteilen, mit den Teigplätzchen belegen. Das Eigelb mit Milch verschlagen, die Teigplätzchen damit bestreichen, die Form auf dem Rost in den Backofen schieben.

Ober-/Unterhitze: 180–200 °C (vorgeheizt)
Heißluft: 160–180 °C (nicht vorgeheizt)
Gas: etwa Stufe 3 (nicht vorgeheizt)
Backzeit: etwa 40 Minuten.

DIE ZUTATEN:

FÜR DEN KNETTEIG:
200 g WEIZENMEHL
1 GESTR. TL BACKPULVER
125 g ZUCKER
1 PCK. VANILLIN-ZUCKER
SALZ
½ EIGELB (GRÖSSE M)
1 EIWEISS (GRÖSSE M)
125 g WEICHE BUTTER
150 g GEMAHLENE, LEICHT GERÖSTETE HASELNUSSKERNE

FÜR DIE MOHN-FÜLLUNG:
250 g FRISCH GEMAHLENER MOHN
150 ml HEISSE MILCH
50 g WEICHE BUTTER
1 PCK. SAUCEN-PULVER VANILLE-GESCHMACK
125 g ZUCKER
1 EI (GRÖSSE M)

FÜR DIE APFEL-FÜLLUNG:
ETWA 1 kg ÄPFEL, Z.B. BOSKOP
75 g ZUCKER
1 MSP. GEMAHLENER ZIMT

ZUM BESTREICHEN:
½ EIGELB (GRÖSSE M)
1 TL MILCH

200 g WEIZENMEHL
1 GESTR. TL BACKPULVER
2 GEH. EL ZUCKER
**½ PCK. BOURBON-
VANILLEZUCKER**
1 PRISE SALZ
100 g BUTTER
1 EI (GRÖSSE M)

FÜR DEN BELAG:
**600 g SÄUERLICHE ÄPFEL,
Z.B. BOSKOP**

FÜR DEN GUSS:
15 g SPEISESTÄRKE
2 EIER (GRÖSSE M)
1 MSP. GEMAHLENER ZIMT
200 ml SCHLAGSAHNE

APFELWÄHE *(FOTO)*

1. Für den Teig Mehl und Backpulver mischen und in eine Rührschüssel sieben. Zucker, Vanillezucker, Salz, Butter und Ei hinzufügen. Die Zutaten mit Handrührgerät mit Knethaken zunächst kurz auf niedrigster, dann auf höchster Stufe gut durcharbeiten.

2. Den Teig etwa 30 Minuten kalt stellen. Eine Tarteform (Ø 28–30 cm) mit dem Teig auslegen.

3. Äpfel schälen, vierteln, entkernen, in Spalten schneiden und schuppenförmig im Kreis darauf legen. Die Form auf dem Rost in den Backofen schieben.

Ober-/Unterhitze: etwa 180 °C (vorgeheizt)
Heißluft: etwa 160 °C (vorgeheizt)
Gas: Stufe 2–3 (vorgeheizt)
Backzeit: etwa 20 Minuten.

4. Für den Guss alle Zutaten gut verrühren, über die Äpfel gießen, bei gleicher Backofeneinstellung etwa weitere 25 Minuten backen.

5. Die Apfelwähe warm servieren.

DIE ZUTATEN:

FÜR DEN QUARK-ÖL-TEIG:
150 g WEIZENMEHL
**1 ½ GESTR. TL BACK-
PULVER**
75 g MAGERQUARK
1 EIGELB (GRÖSSE M)
3 EL SPEISEÖL
40 g ZUCKER
1 PRISE SALZ
1 EL (50 g) SCHMAND

FÜR DEN BELAG:
1–2 EL SPEISEÖL
700 g MÜRBE ÄPFEL
**150 g PREISELBEER-
KONFITÜRE**
150 g SCHMAND
1 EIGELB (GRÖSSE M)
2 EIWEISS (GRÖSSE M)

APFELKUCHEN MIT PREISEL-BEERSCHAUM

1. Für den Teig das Mehl mit dem Backpulver mischen, in eine Rührschüssel sieben. Den Quark, Eigelb, Speiseöl, Zucker, Salz und Schmand hinzufügen. Die Zutaten mit Handrührgerät mit Knethaken auf höchster Stufe in etwa 1 Minute verarbeiten.

2. Den Teig etwas größer als die Springform (Ø 28 cm, Boden gefettet) ausrollen. Den Teig andrücken und den Rand etwa 2 cm hochziehen, mit dem Öl bestreichen und mehrmals mit der Gabel einstechen.

3. Die Äpfel schälen, vierteln, entkernen. Die Apfelviertel in etwa 3 Spalten teilen. Den Kuchen in zwei Kreisen damit belegen, die Mitte ebenfalls mit Äpfeln ausfüllen. Die Preiselbeerkonfitüre mit Schmand und Eigelb verrühren.

4. Das Eiweiß steif schlagen, unter den Schmand ziehen, auf den Äpfeln verteilen. Die Form auf dem Rost in den Backofen schieben.

Ober-/Unterhitze: 180–200 °C (vorgeheizt), **Heißluft:** 160–180 °C (nicht vorgeheizt)
Gas: etwa Stufe 3 (nicht vorgeheizt), **Backzeit:** etwa 45 Minuten.

4. Sollte der Kuchen zu stark bräunen, evtl. mit Backpapier abdecken.

DIE ZUTATEN:

**FÜR DEN
QUARK-BLÄTTERTEIG:**
250 g WEIZENMEHL
1 PCK. VANILLIN-ZUCKER
SALZ
250 g SPEISEQUARK
250 g KALTE, IN STÜCKE
GESCHNITTENE BUTTER

FÜR DIE FÜLLUNG
2 kg ÄPFEL, Z.B. BOSKOP
75–100 g ZUCKER
1 PCK. VANILLIN-ZUCKER
125 g ROSINEN
KONDENSMILCH

APFELKUCHEN MIT GITTER

1. Für den Teig Mehl in eine Rührschüssel sieben, Vanillin-Zucker, Salz, Speisequark und in Stücke geschnittene Butter hinzugeben.

2. Die Zutaten mit Handrührgerät mit Knethaken zunächst auf niedrigster, dann auf höchster Stufe durcharbeiten. Anschließend auf der Arbeitsfläche zu einem glatten Teig verarbeiten. Sollte er zu weich sein, evtl. noch etwas Mehl unterkneten und ihn eine Stunde im Kühlschrank ruhen lassen.

3. Für die Füllung die Äpfel schälen, vierteln, entkernen, in kleine Stücke schneiden, mit Zucker und Vanillin-Zucker unter Rühren weich dünsten, erkalten lassen.

4. Rosinen unter die Apfelmasse heben. Knapp ⅔ des Teiges auf einem gefetteten Backblech (30 x 40 cm) ausrollen, die Apfelmasse gleichmäßig darauf verteilen.

5. Den restlichen Teig dünn ausrollen, in 1cm breite Streifen schneiden, gitterförmig über die Äpfel legen, mit Kondensmilch bestreichen und das Backblech in den Backofen schieben.

Ober-/Unterhitze: etwa 200 °C (vorgeheizt)
Heißluft: etwa 180 °C (vorgeheizt)
Gas: etwa Stufe 4 (vorgeheizt)
Backzeit: etwa 30 Minuten.

APFELKUCHEN MIT KROKANT

1. Für den Teig Mehl mit Backpulver mischen, in eine Rührschüssel sieben. Zucker, Vanillin-Zucker, Salz, Ei und Butter hinzufügen.

2. Die Zutaten mit Handrührgerät mit Knethaken zunächst kurz auf niedrigster, dann auf höchster Stufe gut durcharbeiten, anschließend auf der Arbeitsfläche zu einem glatten Teig verkneten, sollte er kleben, ihn eine Zeit lang kalt stellen.

3. Für die Füllung die Äpfel schälen, vierteln, vom Kerngehäuse befreien, in Scheiben schneiden und mit Vanillin-Zucker und Rum vermengen.

4. Knapp ⅔ des Teiges ausrollen, in eine Springform (Ø 26 cm, Boden gefettet) legen, am Rand etwa 1 cm hochdrücken. Die Äpfel hineinfüllen. Den Teigrest ausrollen und auf die Äpfel legen. Die Teigränder aneinander drücken.

5. Für den Krokant Butter und Zucker mit den Mandeln goldbraun rösten, noch heiß auf die Teigdecke streichen. Die Form auf dem Rost in den Backofen schieben. Eventuell während des Backens den Kuchen mit Pergamentpapier abdecken, damit er nicht zu stark bräunt.

Ober-/Unterhitze: 180–200 °C (vorgeheizt)
Heißluft: 160–180 °C (nicht vorgeheizt)
Gas: etwa Stufe 3 (nicht vorgeheizt)
Backzeit: etwa 60 Minuten.

6. Puderzucker mit Zimt mischen, auf den erkalteten Kuchen streuen.

DIE ZUTATEN:

FÜR DEN KNETTEIG:
250 g WEIZENMEHL
2 GESTR. TL BACKPULVER
125 g ZUCKER
1 PCK. VANILLIN-ZUCKER
SALZ
1 EI (GRÖSSE M)
125 g BUTTER

FÜR DIE APFELFÜLLUNG:
8–10 SÄUERLICHE ÄPFEL
1 PCK. VANILLIN-ZUCKER
2 EL RUM

FÜR DEN KROKANT:
50 g BUTTER
50 g ZUCKER
100 g GEHACKTE MANDELN

2 EL GESIEBTER PUDER-ZUCKER
¼ TL GEMAHLENER ZIMT

350 g WEIZENMEHL
2 GESTR. TL BACKPULVER
150 g BUTTER ODER
MARGARINE
2 EIER (GRÖSSE M)
100 g ZUCKER
1 PCK. VANILLIN-ZUCKER
1 PRISE SALZ
50 g ABGEZOGENE,
GEMAHLENE MANDELN

FÜR DEN BELAG:
1 ½ KG ÄPFEL, Z.B. COX
ORANGE ODER ELSTAR
SAFT VON 2 ZITRONEN

FÜR DIE BELAGMASSE:
300 g WEICHE BUTTER
200 g ZUCKER
2 PCK. VANILLIN-ZUCKER
2 EIER (GRÖSSE M)
ETWAS ABGERIEBENE
ZITRONENSCHALE
(UNBEHANDELT)
80 ml MANDELLIKÖR
200 g WEIZENMEHL
500 ml (½ l) SCHLAG-
SAHNE
50 g MANDELSPLITTER

APFELKUCHEN MIT MANDEL-LIKÖRCREME

1. Für den Teig Mehl mit Backpulver mischen, in eine Rührschüssel sieben. Butter oder Margarine, Eier, Zucker, Vanillin-Zucker, Salz und Mandeln hinzufügen.

2. Die Zutaten mit Handrührgerät mit Knethaken zunächst kurz auf niedrigster, dann auf höchster Stufe zu einem glatten Teig verarbeiten. Den Teig in Folie verpacken, etwa 30 Minuten kühl stellen.

3. Den Teig auf einem gefetteten Backblech (30 x 40 cm) ausrollen, dabei einen kleinen Rand hochdrücken, vor den Teig einen mehrfach geknickten Alustreifen legen. Den Boden mehrmals mit einer Gabel einstechen. Das Backblech in den Backofen schieben.

Ober-/Unterhitze: etwa 200 °C (vorgeheizt)
Heißluft: etwa 180 °C (vorgeheizt)
Gas: Stufe 3–4 (vorgeheizt)
Backzeit: etwa 15 Minuten.

4. Für den Belag die Äpfel schälen, das Kerngehäuse ausstechen, Äpfel in Scheiben schneiden und mit Zitronensaft beträufeln.

5. Für die Belagmasse Butter mit Handrührgerät mit Rührbesen geschmeidig rühren. Nach und nach Zucker, Vanillin-Zucker, Eier, Zitronenschale, Mandellikör und Mehl unterrühren. Sahne steif schlagen und unterheben. Die Masse auf den vorgebackenen Boden geben. Die Apfelscheiben dicht an dicht darüber legen, mit Mandelsplittern bestreuen. Das Backblech wieder in den Backofen (unteres Drittel) schieben.

Ober-/Unterhitze: etwa 180 °C (vorgeheizt)
Heißluft: etwa 160 °C (nicht vorgeheizt)
Gas: Stufe 2–3 (nicht vorgeheizt)
Backzeit: etwa 35 Minuten.

6. Den Kuchen evtl. mit Backpapier bedecken, damit die Oberfläche nicht zu dunkel wird.

Tipp:
Auf den noch warmen Kuchen
Zimt-Zucker streuen.

175 g WEIZENMEHL
½ GESTR. TL BACKPULVER
75 g ZUCKER
1 PCK. VANILLIN-ZUCKER
1 EI (GRÖSSE S)
75 g KALTE BUTTER
1 GESTR. EL WEIZENMEHL

FÜR DIE FÜLLUNG:
100 g ROSINEN ODER
KORINTHEN
2 EL RUM
25 g BUTTER
25 g ZUCKER
2 EL SEMMELBRÖSEL
1 MSP. GEMAHLENER ZIMT
500 g ÄPFEL, Z.B. JAMES
GRIEVE

FÜR DEN BELAG:
1 PCK. PUDDING-PULVER
VANILLE-GESCHMACK
100 g ZUCKER
1 PCK. VANILLIN-ZUCKER
1 ½ EIGELB (GRÖSSE M)
250 ml (¼ l) KALTE MILCH
500 g SPEISEQUARK
1–2 TROPFEN ZITRONEN-
AROMA
2 EIWEISS (GRÖSSE M)

ZUM BESTREICHEN:
½ EIGELB (GRÖSSE M)
1 EL KALTE MILCH

BÖHMISCHER APFELKUCHEN

1. Für den Teig das Mehl mit dem Backpulver mischen und auf die Arbeitsfläche sieben. In die Mitte eine Vertiefung eindrücken. Zucker, Vanillin-Zucker und Ei hineingeben. Mit einem Teil des Mehls zu einer dicken Masse verarbeiten.

2. Die Butter in Stücke schneiden, auf die Masse geben, mit Mehl bedecken und von der Mitte aus alle Zutaten schnell zu einem glatten Teig verkneten. Sollte er kleben, ihn eine Zeit lang kalt stellen. ⅔ des Teiges auf dem Springformboden (Ø 28 cm, Boden gefettet) ausrollen.

3. Unter den Rest des Teiges 1 gestrichenen Esslöffel Weizenmehl kneten. Zu einer Rolle formen, diese als Rand auf den Boden legen, so an die Form drücken, dass der Rand knapp 3 cm hoch wird.

4. Für die Füllung die Rosinen oder Korinthen verlesen. Den Rum hinzufügen und einige Stunden stehen lassen. Die Butter zerlassen. Den Zucker und die Semmel-brösel unter Rühren darin bräunen. Den Zimt hinzugeben, abkühlen lassen. Die Äpfel schälen, vierteln, entkernen und in dünne Scheiben schneiden. Die Semmel-bröselstreusel (evtl. etwas zerkrümeln) und Rosinen (Korinthen) auf den Teigboden streuen. Die Äpfel darauf legen. Die Form auf dem Rost in den Backofen schieben.

Ober-/Unterhitze: 200–220 °C (vorgeheizt)
Heißluft: 180–200 °C (vorgeheizt)
Gas: etwa Stufe 4 (vorgeheizt)
Backzeit: etwa 20 Minuten.

5. Für den Belag das Pudding-Pulver, ⅔ des Zuckers, Vanillin-Zucker und Eigelb mit 6 Esslöffeln der Milch anrühren. Die übrige Milch zum Kochen bringen, das Pud-ding-Pulver unter Rühren in die von der Kochstelle genommene Milch geben und kurz aufkochen lassen.

6. Den Quark und das Aroma unterrühren, kurz aufkochen lassen. Das Eiweiß steif schlagen. Den Rest des Zuckers unterschlagen, unter die Quarkmasse ziehen, auf dem Tortenboden verteilen. Das Eigelb mit der Milch verschlagen. Den Kuchen damit bestreichen, in den Backofen schieben.

Ober-/Unterhitze: etwa 140 °C (vorgeheizt)
Heißluft: etwa 120 °C (nicht vorgeheizt)
Gas: Stufe 1–2 (nicht vorgeheizt)
Backzeit: 55 Minuten.

WÜRZIGER APFELKUCHEN

DIE ZUTATEN:

FÜR DEN RÜHRTEIG:
200 g WEICHE BUTTER
ODER MARGARINE
200 g ZUCKER
1 PCK. VANILLIN-ZUCKER
1 PRISE SALZ
4 EIER (GRÖSSE M)
1 GESTR. TL GEMAHLENER
ZIMT
½ GESTR. TL GEMAHLENER
INGWER
1 MSP. KARDAMOM
250 g WEIZENMEHL
2 GESTR. TL BACKPULVER

FÜR DEN BELAG:
12–15 MITTELGROSSE
ÄPFEL, Z.B. COX ORANGE
PREISELBEERKONFITÜRE

FÜR DEN GUSS:
500 ml (½ l) APFELSAFT
ODER HALB WEISSWEIN,
HALB WASSER
2 PCK. TORTENGUSS, KLAR
2 EL ZUCKER

1. Für den Teig die Butter oder Margarine mit Handrührgerät mit Rührbesen geschmeidig rühren und nach und nach Zucker, Vanillin-Zucker und Salz unterrühren, bis eine gebundene Masse entstanden ist.

2. Die Eier nach und nach unterrühren (jedes Ei etwa ½ Minute). Die Gewürze hinzufügen. Das Mehl mit Backpulver mischen, sieben, portionsweise unterrühren und den Teig auf ein gefettetes Backblech (30 x 40 cm) streichen.

3. Für den Belag die Äpfel schälen, das Kerngehäuse mit einem Apfelausstecher ausstechen und die Äpfel in etwa 1 cm dicke Scheiben schneiden. Die Apfelscheiben schuppenförmig auf den Teig legen. Die Löcher in den Apfelscheiben mit Konfitüre füllen. Das Backblech in den Backofen schieben.

Ober-/Unterhitze: 180–200 °C (vorgeheizt)
Heißluft: 160–180 °C (nicht vorgeheizt)
Gas: etwa Stufe 3 (nicht vorgeheizt)
Backzeit: etwa 40 Minuten.

4. Das Backblech auf einen Kuchenrost stellen und erkalten lassen.

5. Für den Guss aus der Flüssigkeit mit Tortengusspulver und Zucker einen Guss nach Packungsanleitung zubereiten und gleichmäßig über den Kuchen geben.

DIE ZUTATEN:

FÜR DEN KNETTEIG:

300 g WEIZENMEHL

2 GESTR. TL BACKPULVER

100 g ZUCKER

1 PCK. VANILLIN-ZUCKER

1 PRISE SALZ

1 EIGELB (GRÖSSE M)

1 EL MILCH

200 g BUTTER

FÜR DIE FÜLLUNG:

ETWA 2 kg ÄPFEL

1 EL WASSER

50 g ZUCKER

½ TL GEMAHLENER ZIMT

50 g ROSINEN

ETWA 50 g ZUCKER

1–2 EL RUM

1 EIGELB (GRÖSSE M)

1 EL MILCH

APFELKUCHEN, GEDECKT

1. Für den Teig Mehl mit Backpulver mischen, in eine Rührschüssel sieben. Zucker, Vanillin-Zucker, Salz, Eigelb, Milch und Butter hinzufügen.

2. Die Zutaten mit Handrührgerät mit Knethaken zunächst kurz auf niedrigster, dann auf höchster Stufe gut durcharbeiten, anschließend auf der Arbeitsfläche zu einem glatten Teig verkneten. Sollte er kleben, ihn eine Zeitlang kalt stellen.

3. Die Hälfte des Teiges auf dem Springformboden (Ø 28 cm, Boden gefettet) ausrollen, mehrmals mit einer Gabel einstechen, Springformrand um den Boden geben. Die Form auf dem Rost in den Backofen schieben.

Ober-/Unterhitze: etwa 200 °C (vorgeheizt)
Heißluft: etwa 180 °C (vorgeheizt)
Gas: Stufe 3–4 (vorgeheizt)
Backzeit: etwa 15 Minuten.

4. Für die Füllung die Äpfel schälen, vierteln, entkernen, in kleine Stücke schneiden, mit Wasser, Zucker, Zimt und Rosinen unter Rühren dünsten, dann etwas abkühlen lassen. Mit Zucker und Rum abschmecken.

5. Die Hälfte des übrigen Teiges zu einer Platte in Größe der Springform ausrollen, den Rest zu einer Rolle formen, sie als Rand auf den vorgebackenen Boden legen, so an die Form drücken, dass ein etwa 3 cm hoher Rand entsteht.

6. Die Füllung auf den Boden streichen, die Teigplatte darauf legen.

7. Eigelb mit Milch verschlagen, die Teigplatte damit bestreichen, mit einer Gabel mehrmals einstechen. Die Form auf dem Rost in den Backofen schieben.

Ober-/Unterhitze: 200–220 °C (vorgeheizt)
Heißluft: 180–200 °C (vorgeheizt)
Gas: etwa Stufe 4 (vorgeheizt)
Backzeit: 20–30 Minuten.

Tipp:
Die Rosinen können auch durch Spaltmandeln und der Rum durch Zitronensaft ersetzt werden.

DIE ZUTATEN:

FÜR DIE FÜLLUNG:
2–3 SÄUERLICHE ÄPFEL
(ETWA 400 g)
2 EL ZITRONENSAFT
100 ml WEISSWEIN ODER
APFELSAFT
1 PCK. DESSERT-SOSSE
VANILLE-GESCHMACK ZUM
KOCHEN
50 g ZUCKER
50 g GEHOBELTE MANDELN

FÜR DEN BISKUITTEIG:
3 EIER (GRÖSSE M)
1 EIGELB (GRÖSSE M)
150 g ZUCKER
100 g WEIZENMEHL
1 GESTR. TL BACKPULVER

APFEL-WEIN-ROLLE

1. Für die Füllung die Äpfel schälen, vierteln, entkernen und in feine Stifte schneiden. Die Äpfel mit Zitronensaft und 50 ml Weißwein oder Apfelsaft etwa 5 Minuten dünsten. Das Soßenpulver mit Zucker mischen, mit dem restlichen Wein oder Apfelsaft glatt rühren, zu der Apfelmasse geben und alles unter Rühren aufkochen lassen. Den Topf vom Herd nehmen, die Mandeln unterheben und abkühlen lassen.

2. Für den Biskuitteig die Eier und das Eigelb mit Handrührgerät mit Rührbesen auf höchster Stufe in 1 Minute schaumig schlagen. Den Zucker in 1 Minute einstreuen, dann noch etwa 2 Minuten schlagen.

3. Das Mehl mit Backpulver mischen, sieben und portionsweise auf mittlerer Stufe unterrühren. Den Teig auf einem Backblech (30 x 40 cm, Boden gefettet, mit Backpapier belegt) glatt streichen und sofort backen.

Ober-/Unterhitze: etwa 200 °C (vorgeheizt)
Heißluft: etwa 180 °C (vorgeheizt)
Gas: Stufe 3–4 (vorgeheizt)
Backzeit: etwa 10 Minuten.

4. Die Biskuitplatte auf ein mit Zucker bestreutes Stück Backpapier stürzen, das mitgebackene Backpapier abziehen. Die Apfelfüllung gleichmäßig darauf verstreichen, dabei an den Längsseiten jeweils 1 cm frei lassen. Die Platte von der Längsseite her aufrollen und völlig erkalten lassen. Nach Wunsch vor dem Servieren mit Puderzucker bestäuben.

SCHWEDISCHER SAHNE-BLECHKUCHEN

1. Für den Teig Eier mit Handrührgerät mit Rührbesen auf höchster Stufe in 1 Minute schaumig schlagen. Zucker und Vanillin-Zucker mischen, in 1 Minute einstreuen, dann noch etwa 2 Minuten schlagen.

2. Mehl mit Speisestärke und Backpulver mischen, die Hälfte davon auf die Eiercreme sieben, kurz auf niedrigster Stufe unterrühren, den Rest des Mehlgemisches auf die gleiche Art unterarbeiten. Den Teig auf ein gefettetes Backblech (30 x 40 cm) streichen, einen Backrand herumstellen, sofort backen.

Ober-/Unterhitze: etwa 180 °C (vorgeheizt), **Heißluft:** etwa 160 °C (vorgeheizt)
Gas: Stufe 2–3 (vorgeheizt), **Backzeit:** etwa 12 Minuten.

3. Das Backblech auf einen Kuchenrost stellen, erkalten lassen.

4. Für den Belag Gelatine nach Packungsanleitung einweichen. Eiweiß steif schlagen. Pudding-Pulver und Zucker mit etwas von der Milch anrühren. Den Rest der Milch zum Kochen bringen, angerührtes Puddingpulver und Eigelb unterrühren, unter Rühren gut aufkochen lassen.

5. Sofort das steif geschlagene Eiweiß und die eingeweichte, ausgedrückte Gelatine unterrühren. Mit Klarsichtfolie abdecken, kalt stellen.

6. Äpfel schälen, vierteln, entkernen und reiben. Sofort mit Zitronensaft beträufeln, unter den abgekühlten Pudding heben. Die Apfel-Pudding-Masse auf dem Boden verstreichen.

7. Sahne etwas anschlagen, Sahnesteif, Zitronensaft und Puderzucker unterrühren. Sahne ganz steif schlagen und auf die Pudding-Apfel-Masse streichen, etwa 2 Stunden fest werden lassen. Mit Schokoladen-Raspeln oder gehackten Pistazienkernen bestreuen, mit Zitronensaft beträufelten Apfelspalten garnieren.

8. Den Backrand vorsichtig mit Hilfe eines Messers lösen und entfernen.

DIE ZUTATEN:

FÜR DEN BISKUITTEIG:
4 EIER (GRÖSSE M)
125 g ZUCKER
1 PCK. VANILLIN-ZUCKER
125 g WEIZENMEHL
25 g SPEISESTÄRKE
1 GESTR. TL BACKPULVER

FÜR DEN BELAG:
4 BLATT GELATINE, WEISS
3 EIWEISS (GRÖSSE M)
2 PCK. PUDDING-PULVER VANILLE-GESCHMACK
80 g ZUCKER
750 ml (¾ l) MILCH
3 EIGELB (GRÖSSE M)
ETWA 8 ÄPFEL (1,2 kg)
2–3 EL ZITRONENSAFT
750 ml (¾ l) SCHLAG-SAHNE
2 PCK. SAHNESTEIF
3 EL ZITRONENSAFT
50 g PUDERZUCKER

100 g SCHOKOLADEN-RASPEL ODER
PISTAZIENKERNE
ZITRONENSAFT
APFELSPALTEN

DIE ZUTATEN:

FÜR DEN RÜHRTEIG:
500 g SÄUERLICHE ÄPFEL
2 EL ZITRONENSAFT
4 EL CALVADOS
50 g KORINTHEN
130 g WALNUSSKERNE
70 g INGWER IN SIRUP
200 g WEICHE BUTTER
125 g ZUCKER, SALZ
1 TL GERIEBENE
ZITRONENSCHALE
(UNBEHANDELT)
3 EIER (GRÖSSE M)
300 g WEIZENMEHL
2 TL BACKPULVER
SEMMELBRÖSEL

FÜR DEN GUSS:
80 g APRIKOSEN-
KONFITÜRE
50 g PUDERZUCKER
1–2 EL ZITRONENSAFT

APFELBROT (FOTO)

1. Äpfel schälen, vierteln, entkernen, quer in dünne Scheiben schneiden. Apfelscheiben, Zitronensaft, Calvados und Korinthen mischen. 100 g Walnusskerne grob hacken, den Rest beiseite stellen.

2. Ingwer nicht zu fein würfeln und mit den gehackten Walnusskernen ebenfalls zu den Äpfeln geben. Butter, Zucker, Salz und Zitronenschale in eine Rührschüssel geben, mit Handrührgerät mit Rührbesen geschmeidig rühren. Eier nach und nach unterrühren (jedes Ei etwa ½ Minute).

3. Mehl und Backpulver mischen, sieben, portionsweise unterrühren. Die Apfelmischung unter den Teig heben. Eine Kastenform (30 x 11 cm, gefettet) mit Semmelbröseln bestreuen. Den Teig in die Kastenform füllen, glatt streichen. Die Form auf dem Rost in den Backofen schieben.

Ober-/Unterhitze: 180–200 °C (vorgeheizt), **Heißluft:** 160–180 °C (nicht vorgeheizt) **Gas:** etwa Stufe 3 (nicht vorgeheizt), **Backzeit:** 60–65 Minuten.

4. Nach 20 Minuten Backzeit die Teigoberfläche längs mit einem scharfen Messer einritzen, fertig backen. Das Apfelbrot in der Form etwa 10 Minuten auf einen Kuchenrost stellen, dann aus der Form stürzen und abkühlen lassen.

5. Für den Guss Konfitüre durch ein Sieb streichen, kurz aufkochen. Das noch warme Apfelbrot mit der heißen Konfitüre bestreichen. Puderzucker und Zitronensaft verrühren, darüber träufeln und den Kuchen mit den restlichen Walnusskernen belegen. Die Glasur fest werden lassen.

DIE ZUTATEN:

FÜR DEN RÜHRTEIG:
100 g BUTTER
200 g ZUCKER
FRISCH GERIEBENE
MUSKATNUSS
1 TL GEMAHLENER ZIMT
SALZ, 2 EIER, 3 EL RUM
400 g WEIZENMEHL
1 GESTR. TL BACKPULVER
200 g APFELMUS
100 g GEHACKTE
HASELNUSSKERNEN
150 g ROSINEN

APFELMUSKUCHEN

1. Für den Teig Butter mit Handrührgerät mit Rührbesen auf höchster Stufe geschmeidig rühren. Nach und nach Zucker, Muskat, Zimt und Salz unterrühren. So lange rühren, bis eine gebundene Masse entstanden ist. Eier nach und nach unterrühren (jedes Ei etwa ½ Minute), Rum hinzufügen.

2. Mehl mit Backpulver mischen, sieben und auf mittlerer Stufe unterrühren.

3. Apfelmus mit Haselnüssen und Rosinen unter den Teig heben, den Teig in eine Kranzform (Ø 22 cm, gefettet) füllen, backen.

Ober-/Unterhitze: etwa 180 °C (vorgeheizt), **Heißluft:** etwa 160 °C (nicht vorgeheizt) **Gas:** Stufe 2–3 (nicht vorgeheizt), **Backzeit:** 50–60 Minuten.

4. Das Gebäck 10 Minuten in der Form stehen lassen, auf einen Kuchenrost stürzen und erkalten lassen.

FEINE APFELTORTEN

Apfel-Amaretto-Torte,
Rezept Seite 54

DIE ZUTATEN:

FÜR DEN RÜHRTEIG:
100 g WEICHE BUTTER
100 g ZUCKER
1 PCK. VANILLIN-ZUCKER
ETWAS SALZ
2 EIER (GRÖSSE M)
1 TL GEMAHLENER ZIMT
2–3 EL RUM
150 g WEIZENMEHL
1 TL BACKPULVER
30 g ABGEZOGENE,
GEMAHLENE MANDELN

FÜR DEN BELAG:
2 ÄPFEL (400 g), Z.B.
BOSKOP ODER
COX ORANGE

**FÜR DIE
MAKRONENMASSE:**
4 EIWEISS (GRÖSSE M)
200 g GESIEBTER PUDER-
ZUCKER
2 EL AMARETTO
2 TL GEMAHLENER ZIMT
200 g ABGEZOGENE,
GEMAHLENE MANDELN

ZUM VERZIEREN:
400–500 ml SCHLAGSAHNE
1 PCK. SAHNESTEIF
1 PCK. BOURBON-
VANILLEZUCKER
1 TL ZUCKER
GEMAHLENER ZIMT
ZUCKERPERLEN

APFEL-AMARETTO-TORTE
(FOTO SEITE 52/53)

1. Für den Teig die Butter mit Handrührgerät mit Rührbesen auf höchster Stufe geschmeidig rühren, nach und nach Zucker, Vanillin-Zucker und Salz unterrühren, so lange rühren, bis eine gebundene Masse entstanden ist.

2. Die Eier nach und nach unterrühren (jedes Ei etwa ½ Minute), Zimt und Rum unterrühren. Das Mehl mit dem Backpulver mischen, sieben, portionsweise auf mittlerer Stufe unterrühren. Den Springformboden (Ø 26 cm, Boden gefettet) mit den Mandeln bestreuen. Den Teig einfüllen und glatt streichen.

3. Für den Belag die Äpfel schälen, vierteln, entkernen, achteln, auf den Teig legen. Für die Makronenmasse das Eiweiß mit Handrührgerät mit Rührbesen auf höchster Stufe steif schlagen, nach und nach den Puderzucker und Amaretto unterschlagen, zuletzt Zimt und Mandeln vorsichtig unterrühren, in der Form verteilen. Die Form mit Alufolie abdecken (glänzende Seite nach innen) und auf dem Rost in den Backofen schieben.

Ober-/Unterhitze: etwa 180 °C (vorgeheizt)
Heißluft: etwa 160 °C (nicht vorgeheizt)
Gas: etwa Stufe 3 (nicht vorgeheizt)
Backzeit: etwa 70 Minuten (nach etwa 45 Minuten Backzeit Folie entfernen).

4. Den Kuchen aus der Form lösen, auf einem Kuchenrost erkalten lassen. Zum Verzieren die Sahne mit Sahnesteif, Vanillezucker und Zucker steif schlagen. Den Rand und die Oberfläche der Torte mit der Sahne bestreichen, wellenförmig verzieren, kalt stellen.

5. Die Torte kurz vor dem Verzehr mit Zimt bestreuen, nach Belieben mit Zuckerperlen garnieren.

Tipp:
Wer für den Rührteig keinen Rum zur Hand hat, kann statt dessen auch Amaretto verwenden.

APFEL-WEIN-TORTE

1. Für den Teig das Mehl und Backpulver mischen, in eine Rührschüssel sieben. Die übrigen Zutaten hinzufügen, mit dem Handrührgerät mit Knethaken zunächst kurz auf niedrigster, dann auf höchster Stufe gut durcharbeiten, anschließend auf der Arbeitsfläche zu einem glatten Teig verkneten. Den Teig etwa 1 Stunde kalt stellen.

2. ⅔ des Teiges auf einem Springformboden (Ø 26 cm, Boden gefettet) ausrollen. Den restlichen Teig zu einer Rolle formen, als Rand auf den Boden legen, so an die Form drücken, dass ein 3 cm hoher Rand entsteht.

3. Für die Füllung die Äpfel schälen, vierteln, entkernen, würfeln. Aus Pudding-Pulver, Zucker, Vanillin-Zucker und Flüssigkeit einen Pudding zubereiten. Die Apfelwürfel sofort unterrühren. Die Masse in die vorbereitete Form geben.

Ober-/Unterhitze: etwa 180 °C (vorgeheizt)
Heißluft: etwa 160 °C (nicht vorgeheizt)
Gas: Stufe 2–3 (nicht vorgeheizt)
Backzeit: 50–60 Minuten.

4. Das Gebäck in der Form auf einen Kuchenrost stellen, etwa 15 Minuten abkühlen lassen. Den Springformrand lösen, abnehmen. Den Kuchen 3–4 Stunden kalt stellen.

5. Zum Verzieren die Schlagsahne mit Sahnesteif und Vanillin-Zucker nach Anleitung steif schlagen, in einen Spritzbeutel mit gezackter Tülle füllen. Den Tortenrand damit verzieren, mit gehackten Pistazienkernen garnieren.

DIE ZUTATEN:

FÜR DEN KNETTEIG:
225 g WEIZENMEHL
1 GESTR. TL BACKPULVER
75 g ZUCKER
1 PCK. VANILLIN-ZUCKER
1 PRISE SALZ
1 EI (GRÖSSE M)
75 g WEICHE BUTTER

FÜR DIE FÜLLUNG:
1 kg ÄPFEL, Z.B. BOSKOP
2 PCK. PUDDING-PULVER VANILLE-GESCHMACK
100 g ZUCKER
1 PCK. VANILLIN-ZUCKER
375 ml (⅜ l) WEISSWEIN
375 ml (⅜ l) APFELSAFT, KLAR

ZUM VERZIEREN:
400 ml (2 BECHER) SCHLAGSAHNE
2 PCK. SAHNESTEIF
1 PCK. VANILLIN-ZUCKER

ZUM GARNIEREN:
PISTAZIENKERNE

FÜR DEN RÜHRTEIG:
250 g BUTTER ODER
MARGARINE
75 g AUFGELÖSTE HALB-
BITTER-KUVERTÜRE
125 g ZUCKER
1 PCK. BOURBON-
VANILLEZUCKER
1 PRISE SALZ
5 EIER (GRÖSSE M)
175 g WEIZENMEHL
25 g SPEISESTÄRKE
2 GESTR. TL BACKPULVER

FÜR DIE FÜLLUNG:
3 (ETWA 450 g) ÄPFEL,
Z.B. ELSTAR
500 ml (½ l) MILCH
1 PRISE SALZ
50 g ZUCKER
1 PCK. GERIEBENE
ZITRONENSCHALE
75 g MILCHREIS
3 BLATT GELATINE, WEISS
1 MSP. GEMAHLENER ZIMT
400 ml SCHLAGSAHNE

**ZUM GARNIEREN UND
VERZIEREN:**
100 ml SCHLAGSAHNE
1 APFEL, Z.B. ELSTAR
1 EL ZITRONENSAFT
50 g AUFGELÖSTE HALB-
BITTER-KUVERTÜRE
ZITRONENMELISSE

APFEL-MILCHREIS-TORTE

1. Für den Teig Butter oder Margarine mit Handrührgerät mit Rührbesen auf höchster Stufe geschmeidig rühren und Kuvertüre unterrühren. Zucker mit Vanillezucker und Salz nach und nach unterrühren, bis eine gebundene Masse entstanden ist.

2. Eier nach und nach unterrühren (jedes Ei ½ Minute). Mehl mit Speisestärke und Backpulver mischen, sieben und portionsweise unterrühren. Einen Backrahmen (27 x 27 cm) auf ein mit Backpapier belegtes Backblech stellen. Den Teig einfüllen und glatt streichen. Das Blech in den Backofen schieben.

Ober-/Unterhitze: 180–200 °C (vorgeheizt)
Heißluft: 160–180 °C (vorgeheizt)
Gas: etwa Stufe 3 (vorgeheizt)
Backzeit: 25–30 Minuten.

3. Den Boden aus dem Rahmen lösen, auf einen mit Backpapier belegten Kuchenrost stürzen, das Backpapier abziehen und den Boden auskühlen lassen.

4. Den Boden einmal durchschneiden und den Rahmen wieder um den unteren Boden stellen.

5. Für die Füllung Äpfel schälen, vierteln, Kerngehäuse herausschneiden, Äpfel in Spalten schneiden und mit etwas Wasser kurz dünsten, dann erkalten lassen.

6. Milch mit Salz, Zucker und Zitronenschale zum Kochen bringen. Milchreis unter Rühren einstreuen, aufkochen und in etwa 35 Minuten ausquellen lassen.

7. Gelatine nach Packungsanleitung einweichen, im heißen Milchreis unter Rühren auflösen. Die Masse erkalten lassen, dann Zimt, steif geschlagene Sahne und Apfelspalten unterheben.

8. Die Hälfte der Masse auf dem unteren Boden glatt streichen, den oberen Boden darauf legen, mit der restlichen Reismasse bestreichen. Die Torte etwa 2 Stunden kalt stellen, dann den Rahmen lösen.

9. Zum Garnieren und Verzieren Sahne steif schlagen und den Tortenrand damit bestreichen. Apfel waschen, vierteln, Kerngehäuse herausschneiden, Apfel in Spalten schneiden und mit Zitronensaft vermischen.

10. Die Apfelscheiben flach auf ein Stück Backpapier legen, mit der Kuvertüre besprenkeln, fest werden lassen und auf die Torte legen. Die Torte mit Zitronenmelisse garnieren.

DIE ZUTATEN:

FÜR DEN KNETTEIG:

125 g WEIZENMEHL

30 g ZUCKER

1 PCK. VANILLIN-ZUCKER

1 PRISE SALZ

75 g BUTTER

1 EL WASSER

FÜR DEN BISKUITTEIG:

300 g ÄPFEL

3 EIER (GRÖSSE M)

125 g ZUCKER

1 PCK. VANILLIN-ZUCKER

100 g WEIZENMEHL

1 TL BACKPULVER

FÜR DIE FÜLLUNG:

1 PCK. GEMAHLENE
GELATINE, WEISS

3 EL WASSER

200 ml EIERLIKÖR

400 ml SCHLAGSAHNE

2 EL APRIKOSEN-
KONFITÜRE

**ZUM GARNIEREN UND
VERZIEREN:**

200 ml SCHLAGSAHNE

½ PCK. SAHNESTEIF

1 TL ZUCKER

1 KLEINER APFEL

ETWA 50 ml EIERLIKÖR

APFEL-EIERLIKÖR-TORTE

1. Für den Knetteig das Mehl in eine Rührschüssel sieben. Den Zucker, Vanillin-Zucker, Salz, Butter und Wasser hinzufügen. Die Zutaten mit Handrührgerät mit Knethaken zunächst kurz auf niedrigster, dann auf höchster Stufe gut durcharbeiten. Anschließend auf der Arbeitsfläche zu einem glatten Teig verkneten.

2. Den Teig auf dem Springformboden (Ø 26 cm, Boden gefettet) ausrollen, mehrmals mit einer Gabel einstechen und mit dem Springformrand in den Backofen schieben.

Ober-/Unterhitze: etwa 200 °C (vorgeheizt), **Heißluft:** etwa 180 °C (vorgeheizt)
Gas: Stufe 3–4 (vorgeheizt), **Backzeit:** etwa 15 Minuten.

3. Den Boden sofort nach dem Backen von dem Springformboden lösen, aber darauf erkalten lassen. Für den Biskuitteig die Äpfel waschen, schälen, entkernen, raspeln und abdecken. Die Eier mit Handrührgerät mit Rührbesen auf höchster Stufe in 1 Minute schaumig schlagen. Zucker und Vanillin-Zucker mischen, in 1 Minute einstreuen, dann noch etwa 2 Minuten schlagen.

4. Das Mehl mit dem Backpulver mischen. Die Hälfte davon auf die Eiercreme sieben, kurz auf niedrigster Stufe unterrühren. Den Rest des Mehlgemisches auf die gleiche Weise unterarbeiten. Zuletzt die Äpfel unterheben. Den Teig in eine Springform (Ø 26 cm, gefettet, mit Backpapier belegt) füllen. Die Form auf dem Rost in den Backofen schieben.

Ober-/Unterhitze: 180–200 °C (vorgeheizt), **Heißluft:** 160–180 °C (vorgeheizt)
Gas: etwa Stufe 3 (vorgeheizt), **Backzeit:** etwa 25 Minuten.

5. Den Biskuitboden aus der Form lösen, auf einen mit Backpapier belegten Kuchenrost stürzen, erkalten lassen, einmal durchschneiden.

6. Für die Füllung die Gelatine mit dem Wasser verrühren und nach Packungsanleitung quellen lassen, im Wasserbad auflösen und unter den Eierlikör rühren. Wenn die Masse zu gelieren beginnt, die steif geschlagene Sahne unterheben.

7. Den Knetteigboden mit der Konfitüre bestreichen. Den unteren Biskuitboden darauf legen und einen Tortenring darumstellen. Die Hälfte der Eierlikör-Sahne einfüllen und glatt streichen, mit dem oberen Boden bedecken und die restliche Eierlikör-Sahne darauf streichen.

8. Die Torte etwa 3 Stunden kalt stellen. Zum Garnieren und Verzieren den Tortenring lösen. Die Sahne mit Sahnesteif und Zucker steif schlagen, mit der Hälfte davon den Tortenrand bestreichen.

9. Die restliche Sahne in einen Spritzbeutel mit kleiner Lochtülle füllen und die Torte damit verzieren. Den Apfel waschen, schälen, vierteln, entkernen, fein würfeln und auf der Torte verteilen. Die Äpfel vorsichtig mit Eierlikör beträufeln.

FÜR DEN KNETTEIG:
150 g WEIZENMEHL
1 MSP. BACKPULVER
40 g ZUCKER
1 PCK. VANILLIN-ZUCKER
1 PRISE SALZ
100 g WEICHE BUTTER
ODER MARGARINE

FÜR DEN BISKUITTEIG:
5 EIER (GRÖSSE M)
3 EL HEISSES WASSER
150 g ZUCKER
1 PCK. VANILLIN-ZUCKER
125 g WEIZENMEHL
125 g SPEISESTÄRKE
2 ½ GESTR. TL BACK-
PULVER

FÜR DIE BUTTERCREME:
1 PCK. PUDDING-PULVER
VANILLE-GESCHMACK
50 g ZUCKER
500 ml (½ l) MILCH
250 g WEICHE BUTTER

FÜR DIE APFELMASSE:
750 g SÄUERLICHE ÄPFEL,
Z.B. JONAGOLD
50 g BUTTER
3 EL APRIKOSEN-
KONFITÜRE (DURCH EIN
SIEB GESTRICHEN)
2 EL RUM
50 g KORINTHEN
2 EL ABGEZOGENE,
GESTIFTELTE MANDELN

RUSSISCHE APFELTORTE

1. Für den Knetteig Mehl mit Backpulver mischen und in eine Rührschüssel sieben. Zucker, Vanillin-Zucker, Salz, Butter oder Margarine hinzufügen. Die Zutaten mit Handrührgerät mit Knethaken zunächst kurz auf niedrigster, dann auf höchster Stufe gut durcharbeiten. Anschließend auf der Arbeitsfläche zu einem glatten Teig verkneten. Sollte er kleben, ihn eine Zeit lang kalt stellen.

2. Den Teig auf einem Springformboden (Ø 28 cm, Boden gefettet) ausrollen und den Teigboden mehrmals mit einer Gabel einstechen. Die Form auf dem Rost in den Backofen schieben.

Ober-/Unterhitze: 200–220 °C (vorgeheizt)
Heißluft: 180–200 °C (vorgeheizt)
Gas: etwa Stufe 4 (vorgeheizt)
Backzeit: etwa 15 Minuten.

3. Den Boden sofort nach dem Backen vom Springformboden lösen und erkalten lassen.

4. Für den Biskuitteig Eier und Wasser mit Handrührgerät mit Rührbesen auf höchster Stufe in 1 Minute schaumig schlagen. Zucker mit Vanillin-Zucker mischen, in 1 Minute einstreuen, dann noch 2 Minuten weiterschlagen. Mehl mit Speisestärke und Backpulver mischen, die Hälfte davon auf die Eiercreme sieben und kurz auf niedrigster Stufe unterrühren. Den Rest des Mehlgemisches auf dieselbe Weise unterarbeiten.

5. Den Teig in eine Springform (Ø 28 cm, Boden gefettet, mit Backpapier belegt) füllen und glatt streichen. Die Form auf dem Rost in den Backofen schieben.

Ober-/Unterhitze: etwa 180 °C (vorgeheizt)
Heißluft: etwa 160 °C (vorgeheizt)
Gas: Stufe 2–3 (vorgeheizt)
Backzeit: etwa 30 Minuten.

6. Den gebackenen Boden sofort aus der Form lösen, auf einen mit Backpapier belegten Kuchenrost stürzen, das mitgebackene Papier abziehen, Boden erkalten lassen und dreimal durchschneiden.

7. Für die Buttercreme aus Pudding-Pulver, Zucker und Milch nach Packungsanleitung einen Pudding zubereiten, abkühlen lassen, dabei ab und zu durchrühren. Butter geschmeidig rühren und den erkalteten Pudding (er sollte die gleiche Temperatur haben wie die Butter) langsam unter Rühren hinzufügen.

8. Für die Apfelmasse Äpfel schälen, vierteln, entkernen und in Spalten schneiden. Butter zerlassen, Apfelspalten hinzufügen und unter Rühren 5–10 Minuten dünsten, danach abkühlen lassen. Apfelspalten vorsichtig mit Aprikosenkonfitüre, Rum und Korinthen vermengen. Unter knapp die Hälfte der Apfelmasse Mandelstifte heben.

9. Den Knetteigboden mit Aprikosenkonfitüre bestreichen. Den ersten Biskuitboden darauf legen. Rum mit Wasser und Zucker verrühren und den aufgelegten Biskuitboden damit mit Hilfe eines Pinsels tränken. Knapp ⅓ der Buttercreme darauf streichen, den zweiten Biskuitboden darauf legen, die Apfelmasse ohne Mandeln darauf verteilen, den dritten Biskuitboden darauf legen und etwas andrücken. Knapp die Hälfte der restlichen Buttercreme darauf verteilen. Den vierten Biskuitboden darauf legen.

10. Von der restlichen Buttercreme 3 Esslöffel in einen Spritzbeutel mit Sterntülle füllen, mit der restlichen Creme Tortenrand und einen etwa 4 cm breiten Rand auf der Tortenoberfläche bestreichen und die Apfelmasse mit Mandelstiften in die Mitte geben. Die mit Buttercreme bestrichenen Tortenteile mit Krokant bestreuen. Mit der restlichen Buttercreme aus dem Spritzbeutel garnieren.

2–3 EL APRIKOSEN-KONFITÜRE

4 EL RUM

2 EL WASSER

1 TL ZUCKER

100–125 g KROKANT

FÜR DEN RÜHRTEIG:
150 g BUTTER ODER
MARGARINE
175 g ZUCKER
1 EI (GRÖSSE M)
225 g WEIZENMEHL
½ PCK. BACKPULVER

4 EL ABGEZOGENE,
GEHOBELTE MANDELN
1–2 TL GEMAHLENER ZIMT
1 EL ZUCKER

FÜR DEN BELAG:
5–6 ÄPFEL, Z.B. BOSKOP,
JONAGOLD, COX ORANGE
250 ml (¼ l) WEISSWEIN
1 PCK. TORTENGUSS,
KLAR
500 ml (½ l) SCHLAG-
SAHNE
2 PCK. SAHNESTEIF
2 TL ZUCKER

APFEL-ZIMT-TORTE *(FOTO)*

1. Für den Teig Butter oder Margarine mit Handrührgerät mit Rührbesen auf höchster Stufe geschmeidig rühren. Nach und nach Zucker unterrühren, so lange rühren, bis eine gebundene Masse entstanden ist. Ei etwa ½ Minute unterrühren.

2. Mehl mit Backpulver mischen, sieben und portionsweise auf mittlerer Stufe unterrühren. Aus dem Teig 2 Böden backen. Dazu jeweils die Häfte des Teiges in eine Springform (Ø 24 cm, Boden gefettet) füllen, mit Mandeln bestreuen. Die Form auf dem Rost in den Backofen schieben.

Ober-/Unterhitze: etwa 180 °C (vorgeheizt)
Heißluft: etwa 160 °C (vorgeheizt)
Gas: Stufe 2–3 (vorgeheizt)
Backzeit: etwa 15 Minuten pro Boden.

3. Die Böden aus der Form nehmen und jeden Boden mit Zimt und Zucker bestreuen.

4. Äpfel schälen, vierteln, Kerngehäuse herausschneiden und die Äpfel in Spalten schneiden.

5. Weißwein erhitzen, Apfelspalten hinzufügen und etwa 3 Minuten darin dünsten. Apfelspalten herausnehmen und den Saft mit Tortenguss nach Packungsanleitung andicken.

6. Einen Boden auf eine Tortenplatte geben, den angedickten Wein darauf verstreichen, die Apfelspalten darauf legen.

7. Sahne mit Sahnesteif und Zucker steif schlagen, auf die Apfelspalten geben und den zweiten Boden darauf legen.

Tipp:
Wenn Kinder mitessen, den Weißwein durch Apfelsaft ersetzen.

DIE ZUTATEN:

FÜR DEN BISKUITTEIG:
4 EIER (GRÖSSE M)
125 g ZUCKER
1 PCK. VANILLIN-ZUCKER
100 g WEIZENMEHL
25 g SPEISESTÄRKE
10 g KAKAOPULVER
1 ½ TL BACKPULVER
1 MSP. GEMAHLENER ZIMT

FÜR DIE APFEL-BUTTER-CREME:
1 PCK. PUDDING-PULVER VANILLE-GESCHMACK
500 ml (½ l) APFELSAFT
2 EL ZUCKER
200 g GESCHÄLTE, FEIN GEWÜRFELTE ÄPFEL, Z.B. ELSTAR
250 g WEICHE BUTTER

ZUM GARNIEREN UND VERZIEREN:
2 ÄPFEL, Z.B. ELSTAR
SAFT VON 1 ZITRONE
1 PCK. TORTENGUSS, ROT
250 ml (¼ l) APFELSAFT

APFEL-BUTTERCREMETORTE

1. Für den Teig Eier mit Handrührgerät mit Rührbesen auf höchster Stufe in 1 Minute schaumig schlagen. Zucker und Vanillin-Zucker mischen, in 1 Minute einstreuen, dann noch etwa 2 Minuten schlagen.

2. Das Mehl mit Speisestärke, Kakao, Backpulver und Zimt mischen, die Hälfte davon auf die Eiercreme sieben, kurz auf niedrigster Stufe unterrühren, den Rest des Mehlgemisches auf die gleiche Art unterarbeiten. Den Teig in eine Springform (Ø 26 cm, Boden gefettet, mit Backpapier belegt) füllen und sofort backen.

Ober-/Unterhitze: etwa 180 °C (vorgeheizt)
Heißluft: etwa 160 °C (vorgeheizt)
Gas: Stufe 2–3 (vorgeheizt)
Backzeit: etwa 30 Minuten.

3. Den Biskuit aus der Form lösen, auf einen mit Backpapier belegten Kuchenrost stürzen und erkalten lassen. Das mitgebackene Papier abziehen, den Boden zweimal waagerecht durchschneiden.

4. Für die Apfel-Buttercreme aus Pudding-Pulver nach Packungsanleitung, aber mit Apfelsaft statt Milch und Zucker einen Pudding kochen. Die Apfelwürfel unter den heißen Pudding mischen und etwas abkühlen lassen.

5. Die Butter schaumig rühren und den lauwarmen Pudding esslöffelweise unterrühren.

6. Den unteren Tortenboden mit einem Drittel der Creme bestreichen, den mittleren Boden darauf legen, mit der Hälfte der restlichen Creme bestreichen. Den oberen Boden auflegen. Die Oberfläche und Rand mit restlicher Creme bestreichen.

7. Zum Garnieren und Verzieren Äpfel waschen, vierteln, Kerngehäuse entfernen, Äpfel in dünne Spalten schneiden und mit Zitronensaft bestreichen. Die Spalten dekorativ auf die Torte legen.

8. Den Tortenguss nach Packungsanleitung mit Apfelsaft zubereiten und die Apfelspalten damit überziehen.

Tipp:
Der Pudding für die Apfel-Buttercreme kann zusätzlich gewürzt werden, indem man eine Zimtstange oder eine halbe aufgeschlitzte, ausgekratzte Vanilleschote mitkocht.

DIE ZUTATEN:

FÜR DEN NUSS-BISKUITTEIG:

7 EIGELB (GRÖSSE M)

180 g ZUCKER

1 PCK. VANILLIN-ZUCKER

300 g GEMAHLENE HASEL-NUSSKERNE

50 g SPEISESTÄRKE

7 EIWEISS (GRÖSSE M)

FÜR DIE APFELCREME:

750 g ÄPFEL

100 g ZUCKER

1 PCK. BOURBON-VANILLEZUCKER

4 EL ZITRONENSAFT

4 EL CALVADOS

250 ml (¼ l) MILCH

100 ml SCHLAGSAHNE

50 g ZUCKER

1 PRISE SALZ

40 g SPEISESTÄRKE

2 EIGELB (GRÖSSE M)

4 EL MILCH

FÜR DIE MARZIPANDECKE:

400 g MARZIPAN-ROHMASSE

120 g GESIEBTER PUDER-ZUCKER

ROTE UND GELBE SPEISE-FARBE

ETWAS GESIEBTER PUDER-ZUCKER

WEIHNACHTS-APFELTORTE

1. Für den Teig Eigelb, Zucker und Vanillin-Zucker mit Handrührgerät mit Rührbesen auf höchster Stufe etwa 5 Minuten schaumig schlagen.

2. Haselnusskerne mit Speisestärke mischen, kurz auf niedrigster Stufe unterrühren.

3. Eiweiß steif schlagen, vorsichtig unterziehen (nicht rühren), den Teig in eine Springform (Ø 26 cm, Boden gefettet, mit Backpapier belegt) füllen. Die Form auf dem Rost in den Backofen schieben.

Ober-/Unterhitze: etwa 180 °C (vorgeheizt)
Heißluft: etwa 160 °C (nicht vorgeheizt)
Gas: Stufe 2–3 (nicht vorgeheizt)
Backzeit: etwa 60 Minuten.

4. Den Boden aus der Form lösen, auf einen Kuchenrost stürzen und erkalten lassen.

5. Für die Apfelcreme Äpfel schälen, vierteln, entkernen, in kleine Stücke schneiden, mit Zucker, Vanillezucker und Zitronensaft gar dünsten. Calvados unterrühren, die Äpfel auf ein Sieb geben, abkühlen lassen.

6. Milch, Sahne, Zucker und Salz zum Kochen bringen. Speisestärke mit Eigelb und 4 Esslöffeln Milch glatt rühren, in die kochende, von der Kochstelle genommene Milch rühren, kurz aufkochen, erkalten lassen, ab und zu umrühren.

7. Die Creme (4 Esslöffel zurücklassen) mit den Apfelstücken vorsichtig vermengen, den Nussboden einmal waagerecht durchschneiden, die Apfelcreme auf den unteren Boden streichen, mit dem oberen Boden bedecken, gut andrücken. Die Oberfläche der Torte mit der zurückgelassenen Creme bestreichen.

8. Für die Marzipandecke Marzipan mit Puderzucker verkneten, ⅔ davon zwischen Frischhaltefolie zu einer Platte (Ø 32 cm) ausrollen, vorsichtig über die Torte legen, gut andrücken, den unteren Rand gerade schneiden.

9. Zum Garnieren einen Teil der restlichen Marzipanmasse mit roter Speisefarbe einfärben, Äpfel daraus formen, das restliche Marzipan mit gelber Speisefarbe einfärben, dünn ausrollen, Sterne ausstechen.

10. Die Torte leicht mit Puderzucker bestäuben, mit Marzipanäpfeln und -sternen garnieren.

FÜR DEN TEIG:
250 g TK-BLÄTTERTEIG

FÜR DIE FÜLLUNG:
50 g ROSINEN
3 EL MANDELLIKÖR
1 GLAS (365 g) APFEL-
KOMPOTT (MIT STÜCKEN)
1 MANGO
2 EL ZITRONENSAFT
1–2 EL FLÜSSIGER HONIG
1 MSP. GEMAHLENER
INGWER
1 PCK. VANILLIN-ZUCKER
1 PCK. GEMAHLENE
GELATINE, WEISS
3 EL WASSER
250 ml (¼ l) SCHLAG-
SAHNE
100 g MARZIPANROHMASSE

FÜR DIE BAISERMASSE:
2 EIWEISS (GRÖSSE L)
100 g ZUCKER

APFEL-MANGO-TORTE MIT BAISER

1. Den Blätterteig zugedeckt bei Zimmertemperatur auftauen lassen.

2. Den Teig ausrollen (etwa 3 cm größer als der Springformdurchmesser), eine Springform (Ø 24–26 cm, Boden gefettet) damit auslegen. Einen 3 cm hohen Rand formen, mit einer Gabel einstechen. Die Form auf dem Rost in den Backofen schieben.

Ober-/Unterhitze: etwa 220 °C (vorgeheizt)
Heißluft: etwa 200 °C (vorgeheizt)
Gas: Stufe 4–5 (vorgeheizt)
Backzeit: etwa 25 Minuten.

3. Für die Füllung Rosinen in Mandellikör einweichen. Das Apfelkompott mit der geschälten, klein gewürfelten Mango in einer Schale mit Zitronensaft, Honig, Ingwer, Vanillin-Zucker verrühren.

4. Die Gelatine mit Wasser etwa 10 Minuten einweichen, bei schwacher Hitze auflösen, unter die Fruchtmasse rühren. Wenn die Masse dicklich wird, die steif geschlagene Sahne unterheben.

5. Die eingeweichten Rosinen abtropfen lassen. Den übrig gebliebenen Mandellikör mit Marzipanrohmasse zu einer geschmeidigen Creme rühren, auf dem Blätterteigboden streichen, darauf die Rosinen verteilen, dann die Apfel-Mango-Creme darauf geben, glatt streichen und für 1–2 Stunden in den Kühlschrank stellen.

6. Für die Baisermasse das Eiweiß zu steifem Schnee schlagen, Zucker portionsweise unterschlagen. Die Baisermasse auf die Creme spritzen, so dass sie ganz bedeckt ist. Auf der mittleren Schiene unter den vorgeheizten Grill schieben und grillen, bis die Masse fest und gebräunt ist.

Tipp:
Die Torte mit Cocktailkirschen garnieren.

FÜR DEN KNETTEIG:

100 g WEIZENMEHL

1 MSP. BACKPULVER

50 g ZUCKER

1 PCK. VANILLIN-ZUCKER

100 g BUTTER ODER
MARGARINE

FÜR DEN BISKUITTEIG:

5 EIER (GRÖSSE M)

175 g ZUCKER

1 PCK. VANILLIN-ZUCKER

150 g WEIZENMEHL

1 MSP. BACKPULVER

100 g ZERLASSENE,
ETWAS ABGEKÜHLTE
BUTTER

FÜR DIE FÜLLUNG:

1 kg ÄPFEL, Z.B. INGRID
MARIE

30 g BUTTER

75 g ZUCKER

1 PCK. VANILLIN-ZUCKER

SAFT VON ½ ZITRONE

50 g ABGEZOGENE,
GEHACKTE MANDELN

50 g ROSINEN

2 EL HIMBEERGELEE

ZUM BESTREICHEN:

500 ml (½ l) SCHLAG-
SAHNE

2 PCK. SAHNESTEIF

1 PCK.VANILLIN-ZUCKER

75 g ABGEZOGENE,
GEHACKTE, GEBRÄUNTE
MANDELN

1 APFEL, Z.B. INGRID
MARIE

APFEL-ROSINEN-TORTE

1. Für den Teig das Mehl und Backpulver mischen, in eine Rührschüssel sieben. Zucker, Vanillin-Zucker, Butter oder Margarine in Stückchen hinzufügen. Die Zutaten mit Handrührgerät mit Knethaken zunächst kurz auf niedrigster, dann auf höchster Stufe gut durcharbeiten, anschließend auf der Arbeitsfläche zu einem glatten Teig verkneten. Sollte der Teig kleben, ihn eine Zeit lang kalt stellen. Den Teig auf einem Springformboden (Ø 26 cm, Boden gefettet) ausrollen, mehrmals mit einer Gabel einstechen, mit dem Springformrand backen.

Ober-/Unterhitze: 200–220 °C (vorgeheizt)
Heißluft: 180–200 °C (vorgeheizt)
Gas: etwa Stufe 4 (vorgeheizt)
Backzeit: etwa 15 Minuten.

2. Den Boden sofort nach dem Backen vom Springformboden lösen, aber darauf erkalten lassen.

3. Für den Biskuitteig die Eier mit Handrührgerät mit Rührbesen auf höchster Stufe in 1 Minute schaumig schlagen. Zucker mit Vanillin-Zucker mischen, in 1 Minute einstreuen, dann noch etwa 2 Minuten schlagen.

4. Das Mehl und Backpulver mischen, die Hälfte davon auf die Eiercreme sieben, kurz auf niedrigster Stufe unterrühren, den Rest des Mehlgemisches auf dieselbe Weise unterarbeiten. Die Butter unterrühren, den Teig in eine Springform (Ø 26 cm, Boden gefettet, mit Backpapier belegt) füllen, auf dem Rost in den Backofen schieben.

Ober-/Unterhitze: 180–200 °C (vorgeheizt)
Heißluft: 160–180 °C (vorgeheizt)
Gas: etwa Stufe 3 (vorgeheizt)
Backzeit: etwa 25 Minuten.

5. Den Boden aus der Form lösen, auf einen Kuchenrost stürzen, erkalten lassen.

6. Für die Füllung die Äpfel schälen, vierteln, entkernen, in kleine Stücke schneiden, mit Butter, Zucker, Vanillin-Zucker, Zitronensaft, Mandeln und Rosinen unter Rühren gar dünsten, kalt stellen.

7. Den Knetteigboden mit Himbeergelee bestreichen. Den Biskuitboden zweimal waagerecht durchschneiden, den unteren Boden auf den bestrichenen Knetteigboden legen, mit einem Tortenring umstellen, die Hälfte der Apfelmasse auf den Biskuit-boden streichen, mit dem mittleren Boden bedecken, ebenfalls mit Apfelmasse be-streichen, mit dem oberen Boden bedecken, gut andrücken.

8. Zum Bestreichen Sahne mit Sahnesteif und Vanillin-Zucker steif schlagen, den Tortenring entfernen, den Rand und obere Seite der Torte mit der Sahnemasse bestreichen und verzieren.

9. Die Torte mit Mandeln bestreuen. Den Apfel waschen, halbieren, enkernen und in Spalten schneiden, die Torte mit den Apfelspalten garnieren.

LOCKERE APFEL-KLEINGEBÄCKE

APFEL IM SCHLAFROCK,
REZEPT SEITE 74

FÜR DEN KNETTEIG:
375 g WEIZENMEHL
1 MSP. BACKPULVER
200 g KALTE BUTTER
ODER MARGARINE
100 g PUDERZUCKER
1 PRISE SALZ
1 EI (GRÖSSE M)

FÜR DIE FÜLLUNG:
50 g BUTTER
50 g GEHACKTE MANDELN
30 g ZUCKER
100 g SULTANINEN
6 MITTELGROSSE
SÄUERLICHE ÄPFEL, Z.B.
BOSKOP (JE 150 g)

ZUM BESTREICHEN:
1 EI (GRÖSSE M)

ZUM BESTÄUBEN:
3 EL PUDERZUCKER

APFEL IM SCHLAFROCK

(FOTO SEITE 72/73)

1. Für den Teig das Mehl mit dem Backpulver mischen, in eine Rührschüssel sieben. Butter oder Margarine, Puderzucker, Salz und Ei hinzufügen. Die Zutaten mit Handrührgerät mit Knethaken zunächst kurz auf niedrigster, dann auf höchster Stufe kurz durcharbeiten, anschließend auf der Arbeitsfläche zu einem glatten Teig verkneten, zu einem Rechteck formen. Sollte der Teig kleben, ihn eine Zeit lang kalt stellen.

2. Für die Füllung die Butter in einer Pfanne hell bräunen. Mandeln, Zucker und Sultaninen hinzugeben, mit dem Holzlöffel so lange rühren, bis sie goldbraun gefärbt ist. Die Füllung abkühlen lassen. Die Äpfel schälen, mit dem Apfelausstecher das Kerngehäuse ausstechen.

3. Den Teig in 6 Portionen teilen, auf einer bemehlten Arbeitsfläche etwa 3 mm dick ausrollen, dann die Äpfel auf das Teigstück setzen. Die Mandel-Sultaninen-Masse in die Äpfel geben.

4. Zum Bestreichen das Ei verschlagen und etwa 2 cm breit auf die Teigränder streichen. Den Teig vorsichtig hochheben und an den Apfel drücken. Der Apfel muss von dem Teig bedeckt sein. Das restliche Ei über den Teig streichen. Die Äpfel auf das mit Backpapier belegte Backblech setzen, das Blech in den Backofen schieben.

Ober-/Unterhitze: etwa 180 °C (vorgeheizt)
Heißluft: etwa 160 °C (nicht vorgeheizt)
Gas: Stufe 2–3 (nicht vorgeheizt)
Backzeit: 35–40 Minuten.

5. Den Apfel im Schlafrock lauwarm mit Puderzucker bestäubt servieren.

Tipp:
Dazu heiße oder kalte Vanillesauce servieren.

FÜR DIE FÜLLUNG:
750 g ÄPFEL
50 g ROSINEN
50 g ZUCKER
3–4 TROPFEN ZITRONEN-
AROMA

FÜR DEN QUARK-ÖL-TEIG:
300 g WEIZENMEHL
1 PCK. BACKPULVER
150 g MAGERQUARK

APFELTASCHEN *(FOTO)*

1. Für die Füllung Äpfel schälen, vierteln, entkernen, in kleine Stücke schneiden, unter Rühren leicht dünsten, Rosinen, Zucker und Zitronen-Aroma unterrühren und erkalten lassen.

2. Für den Teig Mehl mit Backpulver mischen, in eine Rührschüssel sieben. Quark, Milch, Öl, Zucker, Vanillin-Zucker und Salz hinzufügen. Die Zutaten mit Handrührgerät mit Knethaken auf höchster Stufe etwa 1 Minute verarbeiten (nicht zu lange, Teig klebt sonst).

6 EL MILCH
6 EL SPEISEÖL
75 g ZUCKER
1 PCK. VANILLIN-ZUCKER
1 PRISE SALZ

ZUM BESTREICHEN:
2–3 EL MILCH

FÜR DEN GUSS:
100 g PUDERZUCKER
ETWAS ZITRONENSAFT
ODER WASSER

3. Den Teig auf der Arbeitsfläche zu einer Rolle formen, den Teig dünn ausrollen, runde Platten (Ø etwa 10 cm) ausstechen, die eine Hälfte jeder Teigplatte mit etwas Apfelfüllung belegen, den Rand jeder Teigplatte mit Milch bestreichen, die andere Teighälfte darüber klappen. Die Taschen gut an den Rändern andrücken, auf ein gefettetes Backblech legen und in den Backofen schieben.

Ober-/Unterhitze: etwa 180 °C (vorgeheizt)
Heißluft: etwa 160 °C (vorgeheizt)
Gas: etwa Stufe 2–3 (vorgeheizt)
Backzeit: 15–20 Minuten.

3. Für den Guss Puderzucker sieben, mit so viel Zitronensaft oder Wasser glatt rühren, dass eine dickflüssige Masse entsteht. Sofort nach dem Backen die Apfeltaschen damit bestreichen und erkalten lassen.

FÜR DEN TEIG:

375 g WEIZENMEHL
1 PCK. TROCKENHEFE
50 g ZUCKER
1 PCK. VANILLIN-ZUCKER
SALZ
1 EI (GRÖSSE M)
50 g IN STÜCKE
GESCHNITTENE, WEICHE
BUTTER
125 ml (⅛ l) LAUWARME
MILCH
150 g KALTE BUTTER

FÜR DIE FÜLLUNG:

300 g ÄPFEL, Z.B.
GRAVENSTEINER, IDARED
200 g GEMAHLENE
HASELNUSSKERNE
1 PCK. VANILLIN-ZUCKER
75 g ZUCKER
½ TL GEMAHLENER ZIMT
1 MSP. GEMAHLENE
NELKEN
1 EI (GRÖSSE M)
1 EL SEMMELBRÖSEL
50 g ZERLASSENE BUTTER
ZUCKER

PLUNDERROSETTEN *(25 STÜCK)*

1. Für den Teig das Mehl in eine Rührschüssel sieben, mit der Trockenhefe vermischen. Zucker, Vanillin-Zucker, Salz, Ei, Butter und Milch hinzufügen, mit Handrührgerät mit Knethaken zuerst auf niedrigster, dann auf höchster Stufe in 5 Minuten zu einem Teig verarbeiten. 5 Minuten bei Zimmertemperatur ruhen lassen.

2. Den Teig zu einem Rechteck (25 x 40 cm) ausrollen. Die kalte Butter in Scheiben schneiden und die Hälfte der Teigplatte (25 x 20 cm) damit belegen. Die andere Teighälfte darauf klappen und mit der Teigrolle leicht andrücken. Das Teigpaket mit der breiten Seite zur Tischkante legen und wieder zu einem Rechteck (25 x 40 cm) ausrollen. Von den kürzeren Seiten her zur Mitte hin so zusammenklappen, dass die Teigkanten aneinander stoßen.

3. Den Teig nochmals von der längeren Seite her so überschlagen, dass 4 Teiglagen entstehen, etwa 15 Minuten in den Kühlschrank legen. Das Teigpaket mit der breiten Seite zur Tischkante legen. Noch einmal ausrollen und zusammenschlagen, wie oben beschrieben. Den Teig nochmals 15 Minuten kühl stellen.

4. Für die Füllung die Äpfel schälen, vierteln, das Kerngehäuse entfernen, die Apfelviertel reiben, mit Haselnusskernen, Vanillin-Zucker, Zucker, Zimt, Nelken, Ei und Semmelbröseln verrühren. Teig zu einem Rechteck (40 x 50 cm) ausrollen, Füllung darauf streichen. Die Teigplatte aufrollen, in etwa 2 cm dicke Scheiben schneiden.

5. Die Teigscheiben auf ein gefettetes Backblech (30 x 40 cm) legen, bei Zimmertemperatur 15–30 Minuten ruhen lassen, bis sie sich sichtbar vergrößert haben. Jede Teigscheiben-Oberfläche fünfmal mit einer Schere einschneiden. Das Backblech in den Backofen schieben.

Ober-/Unterhitze: 200–220 °C (vorgeheizt), **Heißluft:** 180–200 °C (vorgeheizt)
Gas: etwa Stufe 4 (vorgeheizt), **Backzeit:** etwa 20 Minuten.

6. Die Plunderrosetten sofort nach dem Backen mit zerlassener Butter bestreichen und mit Zucker bestreuen.

ÄPFEL IM BLÄTTERTEIG-STERN *(4 Stück)*

1. Die Blätterteigscheiben bei Zimmertemperatur auftauen lassen.

2. Die Äpfel schälen, halbieren und entkernen, die Rundung dicht an dicht einritzen und in kochendem Zitronenwasser etwa 2 Minuten pochieren.

3. Die Blätterteigscheiben entsprechend den Ausstechformen evtl. etwas größer ausrollen. Große Sterne (Ø etwa 12 cm) ausstechen oder ausschneiden und auf ein mit Backpapier belegtes Backblech legen.

4. Die Apfelhälften abgetropft auf jeweils einen Blätterteigstern setzen. Milch mit Eigelb verrühren. Den Teig damit einpinseln und mit Zucker bestreuen. Das Backblech in den Backofen schieben.

Ober-/Unterhitze: etwa 200 °C (vorgeheizt)
Heißluft: etwa 180 °C (vorgeheizt)
Gas: Stufe 3–4 (vorgeheizt)
Backzeit: 15–20 Minuten.

5. Die Konfitüre unter Rühren erhitzen und die Äpfel nach dem Backen sofort damit einpinseln.

DIE ZUTATEN:

FÜR DEN TEIG:
4 TK-BLÄTTERTEIG-SCHEIBEN (AUS DER PACKUNG)

FÜR DEN BELAG:
2 MITTELGROSSE ÄPFEL, Z.B. COX ORANGE
2 EL ZITRONENSAFT
250 ml (¼ l) WASSER
1 EL MILCH
1 EIGELB (GRÖSSE M)
1 EL ZUCKER
1 EL APRIKOSENKONFITÜRE

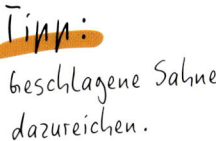
Tipp:
geschlagene Sahne
dazureichen.

FÜR DEN RÜHRTEIG:
100 g BUTTER ODER
MARGARINE
60 g ZUCKER
1 PCK. VANILLIN-ZUCKER
ABGERIEBENE SCHALE
VON ½ ZITRONE
1 EL ZITRONENSAFT
2 EIER (GRÖSSE M)
150 g WEIZENMEHL
1 TL BACKPULVER
75 g SCHMAND
BUTTER FÜR DIE FORM

FÜR DEN BELAG:
500 g ÄPFEL, Z.B. BOSKOP
30 g ABGEZOGENE,
GESTIFTELTE MANDELN
2–2 ½ EL ZIMT-ZUCKER

ZUM BESTÄUBEN:
PUDERZUCKER

FÜR DEN TEIG:
60 g KOKOSRASPEL
100 g BUTTER, 2 EIER
100 g ZUCKER
1 PCK. VANILLIN-ZUCKER
½ TL ZIMT
1 MSP. KORIANDER
75 g WEIZENMEHL
50 g SPEISESTÄRKE
1 MSP. BACKPULVER
200 g ÄPFEL, Z.B. ELSTAR
PUDERZUCKER
SAHNETUFFS
SCHOKOSTREUSEL

APFELKÜCHLEIN *(FOTO)*

(FÜR 9–10 GRATIN- ODER TORTELETTEFÖRMCHEN, Ø 9–10 CM)

1. Für den Teig Butter oder Margarine mit Handrührgerät mit Rührbesen auf höchster Stufe geschmeidig rühren, nach und nach Zucker und Vanillin-Zucker unterrühren, so lange rühren, bis eine gebundene Masse entstanden ist, danach Zitronenschale und Zitronensaft unterrühren. Die Eier nach und nach unterrühren (jedes Ei etwa ½ Minute).

2. Das Mehl mit dem Backpulver mischen, sieben, abwechselnd portionsweise mit dem Schmand unterrühren.

3. Die Förmchen ausfetten, in jedes Förmchen einen Esslöffel Teig geben, glatt streichen.

4. Für den Belag die Äpfel schälen, vierteln, entkernen und in Scheiben schneiden. Die Apfelscheiben fächerartig auf den Teig legen, mit Mandelstiften und Zimt-Zucker bestreuen. Die Förmchen auf dem Rost in den Backofen stellen.

Ober-/Unterhitze: etwa 180 °C (vorgeheizt)
Heißluft: etwa 160 °C (vorgeheizt)
Gas: Stufe 2–3 (vorgeheizt)
Backzeit: etwa 30 Minuten.

5. Die Förmchen auf einen Kuchenrost zum Abkühlen stellen, lauwarm abkühlen lassen, dann mit einem Messer aus den Förmchen lösen. Die Apfelküchlein mit Puderzucker bestäuben.

KOKOS-APFEL-TÖRTCHEN

(FÜR ETWA 16 TÖRTCHEN)

1. Für den Teig die Kokosraspeln in einer Pfanne ohne Fett rösten, abkühlen lassen. Die Butter leicht bräunen. Die Eier etwa 1 Minute schlagen, Zucker und Vanillin-Zucker in 1 Minute unterschlagen, noch 2 Minuten schlagen. Zimt und Koriander unterrühren.

2. Das Mehl mit Speisestärke und Backpulver mischen, sieben, unterrühren. Die Äpfel schälen, grob raspeln, mit der heißen Butter und den Kokosraspeln unterheben. Den Teig in etwa 16 Papierförmchen verteilen, auf dem Blech in den Backofen schieben.

Ober-/Unterhitze: etwa 180 °C (vorgeheizt), **Heißluft:** etwa 160 °C (vorgeheizt)
Gas: Stufe 2–3 (vorgeheizt), **Backzeit:** etwa 25 Minuten.

3. Die gebackenen Törtchen aus der Form lösen, erkalten lassen, mit Puderzucker bestäuben, mit Sahnetuffs und Schokostreuseln verzieren.

DIE ZUTATEN:

FÜR DEN TEIG:
125 g WEIZENMEHL
125 ml (⅛ l) BIER
1 EIGELB (GRÖSSE M)
60 g ZUCKER
1 PRISE SALZ
2 TL SPEISEÖL
1 EIWEISS (GRÖSSE M)

4 MITTELGROSSE,
SÄUERLICHE ÄPFEL, Z.B.
JONAGOLD
1,5 kg AUSBACKFETT
ZUCKER UND ZIMT
(GEMISCHT)

APFELBEIGNETS

1. Das Mehl in eine Rührschüssel sieben. Nach und nach mit Bier, Eigelb, Zucker, Salz, Speiseöl verrühren, etwa 15 Minuten ruhen lassen.

2. Das Eiweiß steif schlagen, unterheben.

3. Die Äpfel schälen, das Kerngehäuse ausstechen. Die Äpfel in ½ cm dicke Scheiben schneiden, mit Hilfe von 2 Gabeln in dem Teig wenden und in siedendem Ausbackfett goldbraun backen. Gut abtropfen lassen, in Zucker und Zimt wenden.

Tipp:
Dazu Vanillesauce servieren.

ZIMTAPFEL IM BACKTEIG

1. Für den Backteig aus den Zutaten einen glatten Teig rühren und etwa 15 Minuten ruhen lassen.

2. Äpfel schälen, halbieren, von den Kernen befreien und in etwa 1 cm dicke Scheiben schneiden.

3. Öl erhitzen, Fruchtscheiben durch den Teig ziehen und im heißen Öl goldbraun backen.

4. Nach dem Backen mit Zucker-Zimt-Gemisch bestreuen und auf Desserttellern, die mit Kakaopulver bestreut sind, anrichten.

5. Sahne steif schlagen und die Äpfel damit garnieren.

Tipp:
Zimtapfel ist eine von 120 Annonenarten, die in den Tropen Afrikas und Amerikas kultiviert werden. Das Fruchtfleisch ist süß und sahnig.

DIE ZUTATEN:

FÜR DEN BACKTEIG:
150 g WEIZENMEHL
2 EIER (GRÖSSE M)
40 g ZUCKER
1 PCK. VANILLIN-ZUCKER
100 ml WEISSWEIN

2 KLEINE ZIMTÄPFEL
(ANNONEN)
1 L SPEISEÖL ZUM
BACKEN
1 EL ZUCKER-ZIMT-
GEMISCH
1 EL KAKAOPULVER
4 EL SCHLAGSAHNE

FÜR DEN TEIG:
100 g BUTTER ODER
MARGARINE
125 g ZUCKER
1 PCK. VANILLIN-ZUCKER
1 PCK. GERIEBENE
ZITRONENSCHALE
1 PRISE SALZ
2 EIER (GRÖSSE M)
200 g WEIZENMEHL
1 GESTR. TL BACKPULVER
100 ml MILCH
2 ÄPFEL (ETWA 200 g),
Z.B. COX ORANGE ODER
BOSKOP
1–2 TL PUDERZUCKER

APFEL-MUFFINS *(FOTO)*

1. Für den Teig Butter oder Margarine mit Handrührgerät mit Rührbesen auf höchster Stufe geschmeidig rühren. Nach und nach Zucker, Vanillin-Zucker, Zitronenschale und Salz hinzufügen. So lange rühren, bis eine gebundene Masse entstanden ist. Die Eier nach und nach (jedes Ei etwa ½ Minute) unterrühren.

2. Das Mehl und Backpulver mischen, sieben und portionsweise auf mittlerer Stufe unterrühren. Milch zuletzt dazugeben.

3. Die Äpfel schälen, vierteln, Kerngehäuse herausschneiden, Äpfel in kleine Stücke schneiden und unter den Teig heben.

4. Den Teig auf 12 gefettete, gemehlte Muffinsförmchen verteilen. Das Blech auf dem Rost in den Backofen schieben.

Ober-/Unterhitze: etwa 200 °C (vorgeheizt)
Heißluft: etwa 180 °C (vorgeheizt)
Gas: Stufe 3–4 (vorgeheizt)
Backzeit: 20–25 Minuten.

5. Das Gebäck aus der Form lösen, erkalten lassen und mit Puderzucker bestäubt servieren.

DIE ZUTATEN:

1 PCK. (450 g)
TK-BLÄTTERTEIG
300 g ÄPFEL, Z.B. JONA-
GOLD ODER BOSKOP
½ PCK. (15 g) PUDDING-
PULVER VANILLE-
GESCHMACK
200 ml APFELSAFT
2 EL ROSINEN
40 g ZUCKER
4 EL PUDERZUCKER
2–3 TL ZITRONENSAFT

APFEL-BLÄTTERTEIG-STREIFEN

1. Den Blätterteig zugedeckt bei Zimmertemperatur auftauen lassen. Die Platten nebeneinander legen und zu einem Rechteck von 20 x 40 cm ausrollen.

2. Die Äpfel schälen, das Kerngehäuse entfernen, Äpfel in Scheiben schneiden.

3. Das Pudding-Pulver mit etwas Apfelsaft glatt rühren. Restlichen Saft, Äpfel, Rosinen und Zucker aufkochen. Angerührtes Pudding-Pulver einrühren und aufkochen.

4. Die Blätterteigplatte auf ein mit Backpapier belegtes Backblech legen. Den Belag darauf geben. Die Teigränder an der Seite etwas hochklappen und überschlagen. Das Backblech in den Backofen schieben.

Ober-/Unterhitze: etwa 200 °C (vorgeheizt)
Heißluft: etwa 180 °C (vorgeheizt)
Gas: Stufe 3–4 (vorgeheizt)
Backzeit: etwa 30 Minuten.

5. Puderzucker und Zitronensaft verrühren und den heißen Kuchen damit bestreichen.

DIE ZUTATEN:

FÜR DEN PLUNDERTEIG:
375 g WEIZENMEHL
1 PCK. TROCKENHEFE
50 g ZUCKER
1 PCK. VANILLIN-ZUCKER
50 g ZERLASSENE,
LAUWARME BUTTER
1 EI (GRÖSSE M)
125 ml (⅛ l) LAUWARME
MILCH
125 g WEICHE BUTTER

FÜR DIE FÜLLUNG:
250 g ÄPFEL, Z.B.
JONAGOLD
50 g ABGEZOGENE,
GEHACKTE MANDELN
30 g FEIN GEWÜRFELTES
ORANGEAT
2 EL ZITRONENSAFT
2 EL ORANGENMARMELADE
2 EL SEMMELBRÖSEL

ZUM BESTREICHEN:
1 EIWEISS (GRÖSSE M)
1 EIGELB (GRÖSSE M)
1 EL MILCH
3 GEHÄUFTE EL ORANGEN-
MARMELADE

ZUM GLASIEREN:
60 g GESIEBTER PUDER-
ZUCKER
ETWA 2 EL ZITRONENSAFT

HAHNENKÄMME *(18 STÜCK)*

1. Das Mehl in eine Schüssel sieben und mit der Trockenhefe sorgfältig vermischen. Zucker, Vanillin-Zucker, zerlassene Butter, Ei und Milch hinzufügen. Die Zutaten mit Handrührgerät mit Knethaken zuerst auf niedrigster, dann auf höchster Stufe in etwa 5 Minuten zu einem glatten Teig verarbeiten. Auf der gut mit Weizenmehl bestäubten Arbeitsfläche zu einem Rechteck von 50 x 40 cm ausrollen.

2. Die Hälfte der weichen Butter darauf streichen. Von der Teigplatte den linken Teil der langen Seite zu ⅔ und den rechten Teil zu ⅓ so zusammenlegen, dass beide Kanten aneinander stoßen. Dann den Teig von der längeren Seite zur Hälfte übereinander schlagen und 15 Minuten im Kühlschrank ruhen lassen. Den Vorgang unter Verarbeitung der restlichen Butter wiederholen. Den Teig dann nochmals 15 Minuten in den Kühlschrank stellen.

3. Den Teig halbieren, jede Hälfte zu einem Quadrat von 36 x 36 cm ausrollen, jeweils in 12 x 12 cm große Quadrate schneiden.

4. Für die Füllung die Äpfel schälen, grob raspeln, mit Mandeln, Orangeat, Zitronensaft, Orangenmarmelade und Semmelbröseln verrühren. Auf die Mitte jedes Teigquadrates etwas von der Füllung geben. Die Teigränder mit dem Eiweiß bestreichen, über die Füllung klappen und etwas andrücken.

5. Die Teigtaschen in Abständen von etwa 1½ cm leicht einschneiden, etwas auseinanderbiegen, auf ein mit Backpapier belegtes Backblech legen und etwa 30 Minuten bei Zimmertemperatur stehen lassen. Das Eigelb mit der Milch verschlagen und die Hahnenkämme damit bestreichen, die Oberfläche mit einer Gabel einstechen. Das Backblech in den Backofen schieben.

Ober-/Unterhitze: etwa 200 °C (vorgeheizt)
Heißluft: etwa 180 °C (vorgeheizt)
Gas: Stufe 3–4 (vorgeheizt)
Backzeit: etwa 20 Minuten.

6. Zum Bestreichen die Orangenmarmelade durch ein Sieb streichen, unter Rühren zum Kochen bringen. Die Hahnenkämme sofort nach dem Backen damit bestreichen, etwas abkühlen lassen.

7. Zum Glasieren den Puderzucker mit dem Zitronensaft verrühren, die Hahnenkämme damit bestreichen.

Tipp:
Hahnenkämme und auch alle anderen Plundergebäcke schmecken frisch gebacken – noch lauwarm – am besten.

DIE ZUTATEN:

FÜR DIE FÜLLUNG:
50 g GETROCKNETE
APFELRINGE
125 ml (⅛ l) APFELSAFT
100 g MARZIPAN-ROH-
MASSE
1 EL WEICHE BUTTER
1 EL APRIKOSENKONFITÜRE
2 EL EINWEICH-
FLÜSSIGKEIT VON DEN
ÄPFELN
1 EL CALVADOS
1 MSP. GEMAHLENER
INGWER
½ PCK. VANILLIN-ZUCKER

FÜR DEN QUARK-ÖL-TEIG:
300 g WEIZENMEHL
1 PCK. BACKPULVER
150 g SPEISEQUARK
6 EL MILCH ODER SAHNE
6 EL SPEISEÖL
75 g ZUCKER
½ PCK. VANILLIN-ZUCKER
SALZ

ZUM BESTREICHEN:
1 EIWEISS (GRÖSSE M)
1 EIGELB (GRÖSSE M)
1 EL MILCH

FÜR DEN GUSS:
100 g GESIEBTER PUDER-
ZUCKER
2–3 EL CALVADOS ODER
ORANGENSAFT

APFEL-MARZIPAN-ZÖPFCHEN

1. Die Apfelringe sehr fein schneiden, mit dem Apfelsaft übergießen, mehrere Stunden, am besten über Nacht einweichen. Die Flüssigkeit abgießen und auffangen. Die Marzipan-Rohmasse mit der Butter, Konfitüre, Einweichflüssigkeit, Calvados, Ingwer und Vanillin-Zucker zu einer geschmeidigen Masse verrühren, die Apfelstückchen unterrühren.

2. Für den Teig das Mehl mit dem Backpulver mischen, in eine Rührschüssel sieben. Quark, Milch oder Sahne, Öl, Zucker, Vanillin-Zucker und Salz hinzufügen. Die Zutaten mit Handrührgerät mit Knethaken auf höchster Stufe etwa 1 Minute verarbeiten (nicht zu lange, der Teig klebt sonst), anschließend auf der bemehlten Arbeitsfläche zu einer Rolle formen.

3. Den Teig zu einem Rechteck von 36 x 48 cm ausrollen, in etwa 12 x 12 cm große Quadrate schneiden. Jeweils etwas von der Füllung auf eine Teigquadrat-Hälfte streichen, dabei immer einen ½–1 cm breiten Rand frei lassen.

4. Die Teigränder mit dem verschlagenen Eiweiß bestreichen. Jeweils die unbestrichene Teighälfte über die Füllung klappen, leicht andrücken. Jedes Teigstück zweimal längs bis etwa 1 cm unter den oberen Rand durchschneiden. Die 3 zusammenhängenden Teigstreifen zu Zöpfen flechten. Die Enden etwas festdrücken.

5. Die Teigzöpfe auf ein mit Backpapier belegtes Backblech legen. Das Eigelb mit Milch verschlagen, die Teigzöpfe damit bestreichen. Das Backblech in den Backofen schieben.

Ober-/Unterhitze: 180–200 °C (vorgeheizt)
Heißluft: 160–180 °C (vorgeheizt)
Gas: etwa Stufe 3 (vorgeheizt)
Backzeit: etwa 20 Minuten.

6. Für den Guss den Puderzucker mit Calvados oder Orangensaft verrühren. Die Teigzöpfchen sofort nach dem Backen damit bestreichen.

VORARBEIT:
24 GETROCKNETE APFEL-
RINGE
6 GETROCKNETE
APRIKOSEN
6 GETROCKNETE
ENTSTEINTE
BACKPFLAUMEN
300 ml APFELSAFT

FÜR DEN HEFETEIG:
500 g WEIZENMEHL
1 PCK. TROCKENHEFE
125 g ZUCKER
½ PCK. VANILLIN-ZUCKER
4 TROPFEN ZITRONEN-
AROMA
SALZ
1 EI (GRÖSSE M)
200 ml LAUWARME MILCH
100 g ZERLASSENE,
ABGEKÜHLTE BUTTER
ODER MARGARINE

ZUM WENDEN UND
BESTÄUBEN:
50–75 g BUTTER
PUDERZUCKER

FÜR DIE APFELSCHAUM-
SAUCE:
EINWEICHFLÜSSIGKEIT
MIT APFELSAFT AUF
250 ml (¼ l) AUFGEFÜLLT
1 GEH. TL SPEISESTÄRKE
1 EI (GRÖSSE M)
½ PCK. VANILLIN-ZUCKER
1 MSP. GEMAHLENER ZIMT

BUCHTELN MIT APFEL-SCHAUMSAUCE

1. Die Apfelringe, Aprikosen und Backpflaumen mit Apfelsaft übergießen, mehrere Stunden, am besten über Nacht einweichen. Für den Teig das Mehl in eine Rühr-schüssel sieben und mit der Trockenhefe sorgfältig vermischen. Zucker, Vanillin-Zucker, Zitronen-Aroma, Salz, Ei, Milch, Butter oder Margarine hinzufügen.

2. Die Zutaten mit Handrührgerät mit Knethaken zunächst auf niedrigster, dann auf höchster Stufe in etwa 5 Minuten zu einem Teig verarbeiten. Den Teig so lange an einem warmen Ort stehen lassen, bis er sich sichtbar vergrößert hat. Das Backobst abtropfen lassen, die Flüssigkeit auffangen. Den Teig aus der Schüssel nehmen und auf der Arbeitsfläche nochmals gut durchkneten.

3. Den Teig zu einer Rolle formen, in 12 gleich große Stücke schneiden. Die Teig-stücke flachdrücken, je 2 Apfelringe und 1 Aprikose oder Pflaume in die Mitte legen, den Teig beutelartig darüber zusammenfassen, festdrücken und zu Bällchen formen. Die Butter in einer rechteckigen Auflaufform (etwa 20 x 30 cm) zerlassen.

4. Die Teigbällchen von allen Seiten darin wenden (nicht zu dicht legen). Sie noch-mals an einem warmen Ort stehen lassen, bis sie sich sichtbar vergrößert haben. Die Form auf dem Rost in den Backofen schieben.

Ober-/Unterhitze: 200–220 °C (vorgeheizt)
Heißluft: 180–200 °C (vorgeheizt)
Gas: etwa Stufe 4 (vorgeheizt)
Backzeit: 20–30 Minuten.

5. Die garen Buchteln nach Belieben mit Puderzucker bestäuben. Für die Sauce die Flüssigkeit mit Speisestärke in einem Topf verrühren. Das Ei, Vanillin-Zucker und Zimt hinzufügen, unter ständigem Schlagen erhitzen, einmal aufkochen lassen, zu den Buchteln reichen.

Tipp:
Die getrockneten Früchte können auch in Weißwein eingelegt werden. Ebenfalls wird dann die Einweich-flüssigkeit mit Weißwein für die Schaumsauce ergänzt.

DIE ZUTATEN:

FÜR DEN QUARK-ÖL-TEIG:
150 g WEIZENMEHL
4 GESTR. TL BACKPULVER
75 g SPEISEQUARK
50 ml MILCH
50 ml SPEISEÖL
40 g ZUCKER
1 PCK. VANILLIN-ZUCKER
1 PRISE SALZ

FÜR DIE APFELFÜLLUNG:
1 APFEL
2 EL ZITRONENSAFT

1 KG AUSBACKFETT

FÜR DIE PUDDINGFÜLLUNG:
½ PCK. PUDDING-PULVER
VANILLE-GESCHMACK
20 g ZUCKER
250 ml (¼ l) MILCH

ETWAS PUDERZUCKER

APFEL-PUDDING-KRAPFEN

1. Für den Teig Mehl mit Backpulver mischen und in eine Rührschüssel sieben. Restliche Zutaten hinzufügen und mit Handrührgerät mit Knethaken auf höchster Stufe zu einem glatten Teig verarbeiten (nicht zu lange, der Teig klebt sonst).

2. Für die Apfelfüllung Apfel schälen, Kerngehäuse entfernen, Apfel in 12 Stücke schneiden, mit Zitronensaft beträufeln.

3. Den Teig in 12 gleich große Stücke schneiden, je 1 Apfelstück in ein Teigstück einhüllen. Den Teig gut andrücken. Teigkugeln in heißem Ausbackfett hellbraun backen, mit einem Schaumlöffel herausnehmen, auf Küchenpapier abtropfen lassen.

4. Für die Puddingfüllung aus Pudding-Pulver, Zucker und Milch nach Packungsaufschrift einen Pudding zubereiten. Pudding unter Rühren etwas abkühlen lassen.

5. Pudding in einen Spritzbeutel mit Lochtülle füllen. Die noch lauwarmen Krapfen damit füllen und kurz vor dem Servieren mit Puderzucker bestäuben.

Tipp:
Die Puddingfüllung kann auch separat
zu den Krapfen gereicht werden.

APFEL-MANDEL-TÖRTCHEN

(ETWA 16 STÜCK)

DIE ZUTATEN:

FÜR DEN RÜHRTEIG:
200 g MARZIPAN-
ROHMASSE
2 EIGELB (GRÖSSE M)
75 g ZUCKER
2 EIER (GRÖSSE M)
2 EIWEISS (GRÖSSE M)
1 MSP. GEMAHLENER
INGWER
125 g WEIZENMEHL
1 MSP. BACKPULVER
200–250 g ÄPFEL
(JONAGOLD)
30 g ABGEZOGENE,
GEHOBELTE MANDELN
2–3 EL ABGEZOGENE,
GEHOBELTE MANDELN

ZUM APRIKOTIEREN:
3 GEHÄUFTE EL
APRIKOSENKONFITÜRE
3 EL RUM
1 EL WASSER

1. Für den Teig die Marzipan-Rohmasse mit Handrührgerät mit Rührbesen gut verrühren. Nach und nach Eigelb, Zucker (50 g) und Eier unterrühren, so lange rühren, bis eine cremige Masse entstanden ist.

2. Das Eiweiß steif schlagen, dabei den restlichen Zucker und den Ingwer unterschlagen, auf die Marzipan-Creme geben. Das Mehl mit dem Backpulver mischen, darüber sieben, mit den geschälten, grob geraspelten Äpfeln vorsichtig untermischen. Den Teig in gut gefettete, mit Mandeln ausgestreute Förmchen (Ø 8 cm, Höhe etwa 3–4 cm) füllen, mit den abgezogenen, gehobelten Mandeln bestreuen.

3. Die Förmchen auf dem Backblech in den Backofen schieben.

Ober-/Unterhitze: 180–200 °C (vorgeheizt)
Heißluft: 160–180 °C (vorgeheizt)
Gas: etwa Stufe 4 (vorgeheizt)
Backzeit: etwa 20–25 Minuten.

4. Zum Aprikotieren die Aprikosenkonfitüre durch ein Sieb streichen, mit Rum und Wasser verrühren. Die erkalteten Törtchen damit bestreichen, etwas antrocknen lassen, in gut schließenden Dosen aufbewahren.

DIE ZUTATEN:

FÜR DEN QUARK-ÖL-TEIG:

400 g WEIZENMEHL
1 PCK. BACKPULVER
200 g MAGERQUARK
100 ml MILCH
100 ml SPEISEÖL
75 g ZUCKER
SALZ
1 EI (GRÖSSE M)

FÜR DEN QUARKBELAG:

300 g MAGERQUARK
50 g WEICHE BUTTER
75 g HONIG
20 g SPEISESTÄRKE
1 EI (GRÖSSE M)

FÜR DEN MOHN-APFEL-BELAG:

1 PCK. (250 g)
MOHNBACK
300 g ÄPFEL,
Z.B. BOSKOP
30 g UNABGEZOGENE,
GEMAHLENE MANDELN

FÜR DEN PFLAUMENMUS-BELAG:

2 EL PFLAUMENMUS

ZUM APRIKOTIEREN:

3 GEH. EL APRIKOSEN-KONFITÜRE
3 EL WASSER

ZUM GARNIEREN:

40 g ABGEZOGENE,
GEHOBELTE, GEBRÄUNTE
MANDELN

KOLATSCHEN *(20 STÜCK)*

1. Für den Teig das Mehl mit dem Backpulver mischen und in eine Rührschüssel sieben. Quark, Milch, Öl, Zucker, Salz und Ei hinzufügen. Die Zutaten mit Handrührgerät mit Knethaken auf höchster Stufe etwa 1 Minute zu einem Teig verarbeiten. Anschließend auf der Arbeitsfläche zu einer Rolle formen.

2. Für den Quarkbelag den Quark mit Butter, Honig, Speisestärke und Ei mit Handrührgerät mit Rührbesen verrühren.

3. Für den Apfel-Mohn-Belag unter die Mohnmasse die geschälten, geriebenen Äpfel und die Mandeln rühren.

4. Für den Pflaumenmusbelag das Pflaumenmus glatt rühren. Den Teig in 20 Stücke schneiden. Die Teigstücke rund rollen, dann von der Mitte ausgehend so flachdrücken, dass am Rand ein kleiner Wulst entsteht.

5. Die Teigstücke auf ein gefettetes Backblech (30 x 40 cm) legen. In die Mitte jedes Teigstückes 1 Teelöffel von dem Pflaumenmus geben. Ringsherum im Wechsel jeweils 1 Teelöffel Mohnfüllung und 1 Teelöffel Quarkfüllung geben. Das Blech in den Backofen schieben.

Ober-/Unterhitze: etwa 200 °C (vorgeheizt)
Heißluft: etwa 180 °C (vorgeheizt)
Gas: Stufe 3–4 (vorgeheizt)
Backzeit: etwa 20 Minuten.

6. Die Kolatschen 5–10 Minuten abkühlen lassen.

7. Zum Aprikotieren die Aprikosenkonfitüre durch ein Sieb streichen. Mit dem Wasser verrühren, sämig einkochen lassen, die Kolatschen damit bestreichen. Mit den Mandeln bestreuen.

Tipp:
Die Kolatschen können nach Belieben mit gehackten Pistazien oder Haselnusskernen garniert werden.

Kleine Warenkunde

Die bekanntesten Apfelsorten

Äpfel, die meistverzehrte heimische Obstart, präsentieren sich in einer Vielzahl von Sorten.

Es gibt Sorten mit erfrischend-säuerlichem, mit feinwürzigem, mildem und aromatischem Geschmack, Sorten mit mürbem, knackigem, saftigem, feinem und festem Fruchtfleisch.

Hier ein Auszug der bekanntesten Apfelsorten und ihre optimalen Verwendungsmöglichkeiten.

BOSKOP

Vermutlich 1856 in Boskop (Niederlande) entdeckt.

Zur Frucht: groß bis sehr groß, gelb-weißes, festes, herb-säuerliches Fleisch, später mürbe. Orange bis rote Schale, rauh und matt.

Pflückreif: Ende September bis Mitte Oktober, lagerfähig.

Eignung: sehr gut für Apfelkuchen, als Bratapfel und für Apfelmus sowie als Tafelobst.

COX ORANGE

Der Cox ist ein König unter den Apfelsorten. Um 1825 von R. Cox (England) entdeckt und ab 1850 in den Handel gebracht.

Zur Frucht: klein bis mittel, weiß-gelbliches Fleisch, saftig, süß-aromatisch, gelblich-grüne, sonnenseits orange bis bräunlich-rote Schale.

Pflückreif: Mitte September bis Anfang Oktober; lagerfähig.

Eignung: sehr gut als Tafelapfel, für Apfelkuchen, als Bratapfel und für Apfelmus.

ELSTAR

Eine Kreuzung zwischen „Golden Delicious" und „Ingrid Marie"; die 1955 in den Niederlanden entstand und ab 1972 in Westeuropa verbreitet wurde.

Zur Frucht: klein bis mittelgroß, weißlich-gelbes saftiges, knackiges aromatisches Fleisch, später abflachend. Glatte, goldgelbe bis leuchtendrote Schale.

Pflückreif: Ende September bis Anfang Oktober, lagerfähig.

Eignung: sehr gut als Tafelobst, für Apfelmus und zum Einwecken.

GRAVENSTEINER

Benannt ist er nach Schloss Gravenstein bis Apenrade (Dänemark), wo er auch entstanden sein soll.

Zur Frucht: mittel bis groß, weißes, knackiges Fleisch mit intensivem Aroma, gelb-grüne Schale; sonnenseits rot.

Pflückreif: Ende August bis Mitte September; bedingt lagerfähig.

Eignung: sehr guter Tafelapfel, gut geeignet für Apfelgebäcke und Apfelmus.

INGRID MARIE

Ein typisch nordischer Apfel. Vermutlich von Cox Orange abstammend. 1910 auf Fünen (Dänemark) gefunden, ab 1936 verbreitet.

Zur Frucht: mittelgroß, grünlich-gelbes, mürbes Fleisch, später trocken, mildes, fein-säuerliches Aroma.

Pflückreif: Mitte September bis Anfang Oktober lagerfähig.

Eignung: guter Tafelapfel und für Apfelgebäcke.

RATGEBER

JONAGOLD

Eine Kreuzung aus „Jonathan" und „Golden Delicious" - im Jahre 1943 in den USA entstanden, ab 1968 im Handel.

Zur Frucht: groß bis sehr groß, gelbliches, süß-saftiges und lockeres Fruchtfleisch mit fein-säuerlichem Aroma, grün-gelbe Schale; sonnenseits rot.

Pflückreif: Ende September bis Ende Oktober, lagerfähig.

Eignung: sehr guter Tafelapfel, gut für Apfelgebäcke, Apfelmus und zum Einwecken.

BERLEPSCH

Der Apfel mit Vergangenheit – er wurde um 1880 aus den Sorten „Ananasrenette" und „Ribsten Pepping" gezüchtet; hauptsächlicher Anbau im Rheinland.

Zur Frucht: klein bis mittelgroß, weißes, saftiges Fleisch, grün-gelbe bis rote Schale.

Pflückreif: Ende September bis Anfang Oktober.

Eignung: guter Tafelapfel, gut für Apfelgebäcke.

Zum Einkauf

Beim Einkauf sollte darauf geachtet werden, dass die Früchte – unabhängig von der Sorte – fest, ohne Druckstellen und Flecken sind.

Frisch gepflückte Äpfel sind besonders knackig und duften intensiv.

Die Apfelverarbeitung

Das Fruchtfleisch von zerkleinerten Äpfeln läuft je nach Sorte bräunlich an. Um das zu vermeiden, sollten geschälte Apfelstücke sofort mit Zitronensaft beträufelt oder in Zitronenwasser gelegt werden. Sollten Äpfel doch einmal schrumplig geworden sein, lassen sie sich trotzdem gut für einen Kuchen verarbeiten: Wenn man sie für einige Minuten in heißes Wasser legt, lassen sie sich mühelos schälen.

Apfelkuchen auf dem Blech bleiben wunderbar saftig und verbrennen außerdem nicht, wenn man die Früchte während des Backens mit einem Stück gefettetem Back- oder Pergamentpapier abdeckt.

Die Apfellagerung

Kleinere Apfelmengen, die für den baldigen Verzehr bestimmt sind, können im Gemüsefach des Kühlschranks gelagert werden. Die kühle Lagerung schützt vor Feuchtigkeitsverlust, sprich Saftverlust. Größere Mengen Äpfel, z. B. aus dem eigenen Garten, sollten in einem kühlen, dunklen, luftigen Raum – Keller – aufbewahrt werden. Wichtig ist, dass die Früchte nebeneinander – nicht übereinander – im Regal liegen.

Von Zeit zu Zeit muss kontrolliert werden, ob Obst mit schadhaften Stellen darunter ist, das dann sofort aussortiert werden muss.

KAPITELREGISTER

Saftige Apfelkuchen

Annis Apfeltraum 18

Apfelbrot 50

Apfel-Knusper-Tarte 10

Apfelkuchen
   „Burg Blomberg" 33

Apfelkuchen, einmal anders . . . 28

Apfelkuchen, gedeckt 46

Apfelkuchen mit Gitter 40

Apfelkuchen mit Krokant 41

Apfelkuchen mit
   Mandellikörcreme 42

Apfelkuchen mit
   Preiselbeerschaum 38

Apfelkuchen mit Pudding 29

Apfelkuchen mit Rahmguss 12

Apfelkuchen mit Streuseln 36

Apfelkuchen, sehr fein 21

Apfel-Mohn-Kuchen 20

Apfel-Mohn-Nuss-Kuchen 37

Apfelmuskuchen 50

Apfelstrudel 30

Apfelwähe 38

Apfel-Wein-Rolle 48

Böhmischer Apfelkuchen 44

Bratapfelkuchen 25

Elsässer Apfelkuchen 34

Gedeckter Apfelkuchen
   vom Blech 26

Kanadischer Apfelkuchen 32

Königlicher Apfelkuchen 17

Krümelkuchen
   mit Apfelfüllung 14

Mohn-Apfel-Quark-Kuchen . . . 13

Omas Apfelkuchen 10

Ostdeutscher Mohnstrudel 24

Rheinischer Apfelkuchen 16

Russischer Apfelkuchen 14

Saarländischer Apfelkuchen . . . 26

Schwäbischer Apfelkuchen 34

Schwedischer
   Sahneblechkuchen 49

Tarte Tatin 22

Versunkene Äpfel
   mit Butterbröseln 22

Würziger Apfelkuchen 45

Feine Apfeltorten

Apfel-Amaretto-Torte 54

Apfel-Buttercremetorte 64

Apfel-Eierlikör-Torte 58

Apfel-Mango-Torte
   mit Baiser 68

Apfel-Milchreis-Torte 56

Apfel-Rosinen-Torte 70

Apfel-Wein-Torte 55

Apfel-Zimt-Torte 62

Russische Apfeltorte 60

Weihnachts-Apfeltorte 66

Lockere Apfel-kleingebäcke

Apfelbeignets 80

Apfel-Blätterteig-Streifen 82

Äpfel im Blätterteigstern 77

Apfel im Schlafrock 74

Apfelküchlein 78

Apfel-Mandel-Törtchen 89

Apfel-Marzipan-Zöpfchen 85

Apfel-Muffins 82

Apfel-Pudding-Krapfen 88

Apfeltaschen 74

Buchteln mit
   Apfelschaumsauce 86

Hahnenkämme 84

Kokos-Apfel-Törtchen 78

Kolatschen 90

Plunderrosetten 76

Zimtapfel im Backteig 81

HEYNE KOCHBUCH
07/2012

Herausgeber: Genehmigte Lizenzausgabe für den Wilhelm Heyne Verlag, München, 2001
http://www.heyne.de

Copyright: © 2001 by Dr. Oetker Verlag KG, Bielefeld

Titelgestaltung: Kontur Design, Bielefeld
Graphisches Konzept: Andrea Kelger, Bielefeld
Gestaltung: M·D·H Reiner Haselhorst, Bielefeld

Redaktion: Jasmin Gromzik, Miriam Krampitz

Rezeptberatung: Annette Elges, Bielefeld

Fotos: Fotostudio Büttner, Bielefeld
CMA, Bonn
Thomas Diercks, Hamburg
Ketchum PR, München
Ulrich Kopp, Füssen
Kramp & Gölling, Hamburg
Fotostudio Lippert, Bielefeld
Christiane Pries, Borgholzhausen
Fotostudio Toelle, Bielefeld
Bernd Wohlgemuth, Hamburg
Brigitte Wegner, Bielefeld

Satz: Typografika, Bielefeld

Reproduktion: Mohn Media · Mohndruck GmbH, Gütersloh

Druck: Mohn Media · Mohndruck GmbH, Gütersloh

Printed in Germany

ISBN 3-453-19013-0